IPMA® Prüfungswissen kompakt: Basiszertifikat & Level D- Teil 2

AF282236

IPMA®
Prüfungswissen
kompakt

Basiszertifikat

Level D (Teil 2)

Frank Pannwitz

2. geänderte Auflage

Bibliografische Information der Deutschen Nationalbibliothek: Die Deutsche Nationalbibliothek verzeichnet diese Publikation in der Deutschen Nationalbibliografie; detaillierte bibliografische Daten sind im Internet über http://dnb.dnb.de abrufbar.

2. Auflage 2023
© 2023 Frank Pannwitz
Herstellung und Verlag:
BoD – Books on Demand, Norderstedt

ISBN: 978-3-7578-9152-7

Eine Investition in Wissen bringt noch immer die besten Zinsen.

Benjamin Franklin

Inhaltsverzeichnis

1 Über das Buch

1.1 Worum geht es?

Das Wichtigste zuerst:

Dieses ist kein Fachbuch über Projektmanagement!

Hierfür gibt es genügend andere, die inzwischen viele Meter einer Bibliothek füllen. Hierbei *DAS* Projektmanagementbuch für sich zu finden, ist also mehr als schwierig. Hier muss jeder für sich entscheiden, was für ihn und seine Projektumgebung das Richtige ist. Aber das soll nicht Thema dieses Buches sein, sondern:

Das Bestehen der IPMA®-Prüfung.

Um diesem Ziel etwas näherzukommen, halten Sie den ersten Band meiner 2-teiligen Buchreihe zum IPMA® Prüfungswissen in der Hand (oder sehen ihn sich auf Ihrem E-Book-Reader an).

In diesem Band möchte ich mit Ihnen alle relevanten Themen für die **Basisprüfung** durcharbeiten. Diese Themen entsprechen ebenso dem Inhalt der **Level D** Prüfung **Teil 2** (vgl. Abschnitt 2.1).
Hierfür werde ich zwar alle relevanten Themen ansprechen, aber ich werde nicht in die Tiefe gehen. D. h. ich kratze immer nur an der Oberfläche (und darum ist es auch kein Fachbuch!). Immer nur mit dem primären Ziel, die IPMA®-Prüfung zu bestehen.
Hierfür ist es wichtig, dass Sie den **gesamten Inhalt** des Buchs gut kennen. Das meiste von den angesprochenen Themen müssen Sie (in eigenen Worten) erklären können. Selbstverständlich kann nicht alles Bestandteil Ihrer *persönlichen* Prüfung sein – das würde den Rahmen einer Prüfung sprengen. Mir fallen aber z. B. auf Anhieb 25 Fragen zum Kompetenzelement „Projektdesign" ein. Auch wenn in Ihrer Prüfung lediglich 3-5 zu dieser KE gestellt werden, könnte es jedoch jede der 25 Fragen sein.
Neben der reinen Prüfungsvorbereitung kann dieses Buch natürlich auch sehr gut als kompakte Begleit- bzw. Lernlektüre für den Besuch von entsprechenden Vorbereitungskursen genutzt werden.

Den umfangreichen Stoff zur IPMA®-Zertifizierung zusammenzufassen, ist durchaus eine Herausforderung. Auch wenn ich versuche, alle prüfungsrelevanten Themen anzusprechen, vermisst der ein oder andere vielleicht etwas. Um auch zukünftige Prüfungskandidaten mit diesem Band ideal vorbereiten zu können, bin ich für jeden Hinweis dankbar. Hierfür bitte eine kurze E-Mail an: **Buch.IPMA@gmail.com**

Im zweiten Band dieser Minireihe behandele ich die Themen des ersten Prüfungsteils für das Level D- Zertifikat.

1.2   Aufbau

Nach einer kurzen Einführung über den Inhalt und dem Ablauf der IPMA®-Prüfung kommen wir zu den vier Hauptkapiteln des Buchs.

Wir starten mit dem Kompetenzfeld „**Practice**". Dieses ist, im Vergleich zu den beiden folgenden Kapiteln, sehr viel länger. Aus diesem Teil werden die meisten Prüfungsfragen kommen.
Das anschließende Kapitel widme ich dem Thema „Fallbeispiel". Dieses gehört inhaltlich zum Kompetenzbereich „Practice". Es ist jedoch so umfangreich, dass ich es gesondert behandeln möchte. Denn gerade die Fragen zum Fallbeispiel bereiten vielen Prüfungskandidaten Schwierigkeiten und Kopfschmerzen, da hierbei viel zu schreiben ist und man die knappe Zeit im Auge behalten muss.
Im dritten Kapitel gehe ich auf das einzige prüfungsrelevante Thema des Kompetenzfeldes „**People**" ein.
Abschließend folgt das für das Basiszertifikat neu aufgenommene Kompetenzfeld „**Perspective**". Hier werden wir uns mit drei Kompetenzelementen beschäftigen dürfen.

Was bedeuten die Symbole am Buchrand der Printausgabe?

 Hier finden Sie eine **Definition**.
In der Regel sind alle Definitionen, die ich aufführe, **prüfungsrelevant**!

 Prüfungsrelevante **Fragestellung**

 Tipp zur Prüfung

 Für die Prüfung unbedingt **lernen**

1.3 Zur 2. Auflage

Zum 01.01.2024 wurde die Prüfungsordnung sowohl für das Basiszertifikat als auch zum Level D überarbeitet.
Im Wesentlichen handelt es sich hierbei aber nur um eine geänderte Aufteilung der 28 prüfungsrelevanten Kompetenzelemente auf die zwei Prüfungen.
Dieses führte natürlich dazu, dass sowohl dieses Buch als auch das Vorbereitungsbuch zum Level D (Teil 1) überarbeitet werden musste.

Inhaltlich gibt es keine wesentlichen Änderungen: Es gilt weiterhin die ICB 4.0.

2 IPMA®-Prüfung

2.1 Inhalt

Inhalt der **Basiszertifikatsprüfung** sind **14 Kompetenzelemente**:

	Kompetenzelement
People	Selbstreflexion und Selbstmanagement
Perspective	Strategie
	Governance, Strukturen und Prozesse
	Macht und Interessen
Practice	Projektdesign
	Anforderungen und Ziele
	Leistungsumfang und Lieferobjekte
	Ablauf und Termine
	Organisation, Information und Dokumentation
	Kosten und Finanzierung
	Ressourcen
	Planung und Steuerung
	Chancen und Risiken
	Stakeholder

Abb. 1: Kompetenzelemente im Basiszertifikat GPM

Diese 14 Elemente werden wir in diesem Band näher betrachten.

Die Inhalte der schriftlichen Basisprüfung sind identisch mit den Anforderungen der schriftlichen Prüfung Teil 2 zum Zertifikat Level D.

Im hier nicht behandelten Teil 1 der schriftlichen Level D- Prüfung werden weitere 14 Kompetenzelemente abgefragt.

2.2 Ablauf

Zur Erlangung des **Basiszertifikats** muss eine schriftliche Prüfung bei der PM-ZERT abgelegt werden. Für die Beantwortung der Fragen haben Sie **90 Minuten** Zeit. (PM-Zert, 2023b)

Um die Prüfung zu bestehen, müssen:

> ↳ **11** der **14** Kompetenzelementen (KE) „erfüllt" werden.
>
>> ↳ Um ein KE zu „erfüllen", müssen mehr als 50% der Fragen zu einem KE richtig beantwortet werden. Zu jedem KE werden 2-6 Fragen gestellt.
>> KEs gleichen sich untereinander nicht aus. Z. B.: eine KE „Qualität" mit 67% richtigen Antworten gleicht nicht eine KE „Projektdesign" mit 48% aus.

Für **Level D** gibt es zwei mögliche Pfade, die Erstzertifizierung zu erlangen (PM-Zert, 2023a):

Pfad 1: Level D Report erstellen + schriftliche Prüfung über 90 min. (entspricht Teil 1): Beides ist nicht Thema dieses Bands.

Pfad 2: Schriftliche Prüfung über 180 min. Es werden hierfür zwei Prüfungsteile á 90 min geschrieben: Teil 1 und Teil 2. In diesem Band behandeln wir, wie gesagt, den Teil 2.

Für den **Pfad 2** werden die Ergebnisse der beiden Prüfungsteile zusammengezählt, die jeweils 14 Kompetenzelemente beinhalten. Um die Prüfung zu bestehen, müssen **23** der **28** KE „erfüllt" sein. Auch hier gilt: KEs gleichen sich untereinander nicht aus.

2.3   Frageformen

Die meisten Fragen sind **offene** Fragen, wie z. B.:

> Was versteht man unter dem Projektlebenszyklus?

Auch wenn man eine Frage manchmal mit einem einzigen Wort beantworten kann, empfehle ich: wenn es **möglich** und **sinnvoll** ist, bitte die Antwort **etwas** ausführlicher zu formulieren. Dieses wird von den meisten Korrektoren gern gesehen.

Darüber hinaus gibt es **Single-Choice** Fragen in der Art:

> Was versteht man unter einer User Requirement Specification?
> a)   Lastenheft
> b)   Pflichtenheft
> c)   Phasenplan
> d)   Projektauftrag

Auch wenn oftmals von Multiple-Choice-Fragen gesprochen wird, wurden bisher ausschließlich Single-Choice-Fragen verwendet.

Natürlich sollte man jede Frage stets genau lesen, aber gerade bei den Single-Choice-Fragen bitte nicht zu schnell ein Kreuz setzen: Worte wie „keine" und „nicht" werden schnell mal überlesen. Es wird gern mal negiert gefragt.

3 Kompetenzbereich „Practice"

Für die Basiszertifizierung werden 10 der 13 Kompetenzelemente des Bereichs „Practice" abgefragt. Nur die KEs „Qualität", „Beschaffung" und „Change und Transformation" werden im ersten Teil der Level D-Prüfung behandelt.

3.1 Projektdesign

3.1.1 Projektmanagement & Standards

Was bedeutet Projektmanagement, was umfasst es? Zur Erklärung nutzen wir die Definition nach DIN:

> **Projektmanagement (DIN 69901-5)**
> [Die] Gesamtheit von Führungsaufgaben, -organisation, -techniken und -mitteln für die Initiierung, Definition, Planung, Steuerung und den Abschluss von Projekten.

Um das Projektmanagement zu organisieren, haben sich weltweit unterschiedliche Organisationen gebildet.

Die wichtigsten **Projektmanagement-Organisationen** und ihre jeweiligen **Standards** sind:

PM-Organisation		Standard
IPMA®	International Project Management Association	**ICB** (Individual Competence Baseline)
PMI®	Project Management Institute	**PMBOK®** (Guide to the Project Management Body of Knowledge)
PRINCE 2®	Projects in Controlled Environments	**PRINCE 2®**

Abb. 2: PM-Organisationen und Standards

Unsere „Heimat" ist die **IPMA®** und wird in Deutschland durch die **GPM** (Deutsche Gesellschaft für Projektmanagement e. V.) vertreten.

Als Standard gilt für uns somit die **ICB**, die derzeit in der Version **4.0** vorliegt. Diese ist in drei Teile aufgeteilt:

- Projektmanagement
- Programmmanagement
- Portfoliomanagement

In Bezug auf die Prüfung ist für uns jedoch nur der erste Teil relevant.

3.1.2 Projekt, Programm, Portfolio

Was genau versteht man eigentlich unter einem Projekt? Schauen wir uns dafür wieder einmal eine Definition nach DIN 69901-5 an:

> **Projekt (DIN 69901-5)**
> [Ein] Vorhaben, das im Wesentlichen durch Einmaligkeit der Bedingung in ihrer Gesamtheit gekennzeichnet ist, wie z.B. Zielvorgabe, zeitliche, finanzielle, personelle oder andere Bedingungen, Abgrenzung gegenüber anderen Vorhaben und projektspezifische Organisation.

Mit anderen Worten ausgedrückt, wesentliche Merkmale eines **Projekts** sind:

- Einmaligkeit
- Beschränkte finanzielle, personelle und zeitliche Ressourcen
- Definierte und operationalisierte Ziele
- Projektspezifische Organisation
- Abgrenzung gegenüber anderen Projekten und Aktivitäten
- Neuartigkeit
- Zukunftsorientiertheit
- Risikobehaftet
- Interdisziplinär

Von einem **Programm** bzw. **Programmmanagement** sprechen wir, wenn mehrere Projekte zusammengefasst werden, deren Einzelziele zu einem übergeordneten Programmziel beitragen. Eine Kopplung der Projekte zu einem Programm erfolgen darüber hinaus durch gemeinsame vernetzte Planung (Masterplan), gemeinsame organisatorische Regeln, einheitliche Projektmanagement-Methoden und ein gemeinsames Programm-Budget.

Oft sind Programme auf einer hohen Führungsebene aufgehängt und eng mit der Unternehmensstrategie verzahnt. Wie Projekte, sind auch Programme **zeitlich begrenzt**.

Für die zentrale Koordination und strategische Steuerung der Vielzahl an Projekten benötigen projektorientierte Unternehmen ein gut aufgesetztes und in die Unternehmensorganisation integriertes **Portfoliomanagement**. Hierzu gehören die Projekte, die die Unternehmensziele maximal fördern und so für das Unternehmen den größten Nutzen liefern, unabhängig davon, ob sie untereinander verbunden sind oder nicht. Das Portfoliomanagement ist **nicht zeitlich begrenzt**.

!

3.1.3 Klassifizierung von Projekten

Projekte können **klassifiziert** werden. Beispiele hierfür wären:

!

- **Inhalt (Projektarten)**:
  Forschungs- & Entwicklungsprojekte, Organisationsprojekte, Investitionsprojekte

- **Auftraggeber:**
  Interne Projekte, externe Projekte

- **Komplexität:**
  Pionier-Projekte (inhaltlich hoch und sozial hoch komplex),
  Potenzial-Projekte (inhaltlich hoch und sozial gering komplex),
  Akzeptanz-Projekte (inhaltlich gering und sozial hoch komplex),
  Standard-Projekte (inhaltlich gering und sozial gering komplex)

- **Projektgröße:**
  kleine, mittelgroße, große Projekte

- **Zeitbezug:**
  operativ, taktisch, strategisch

- **eingesetzter Methode:**
  agil, traditionell

Zweck der Klassifizierung ist es, eine **geeignete projektspezifische Organisation** zu wählen und die geeigneten **Maßnahmen und Prozesse** zur Projektbearbeitung zu **identifizieren**.

!

3.1.4 Projektlebenszyklus

Wie alles andere, hat auch ein Projekt einen Anfang und ein Ende. Die Gesamtdauer des Projekts nennen wir **Projektlebenszyklus.**

Projektlebenszyklus (DIN 69901-5)
[Die] Gesamtdauer des Projekts, beginnend mit der ersten Idee, über die Definition, die Planung, die Projektdurchführung bis zum Abschluss des Projekts.

Ein Projektmanagementprozess könnte z. B. wie folgt aussehen (die Reihenfolge ist hierbei zu beachten!):

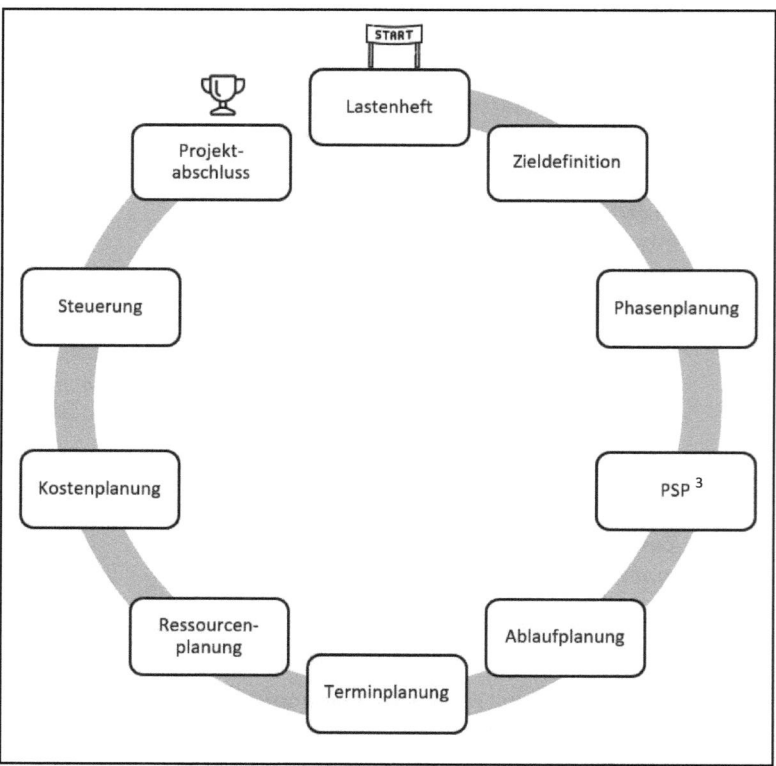

Abb. 3: Projektmanagementprozess (Beispiel)

---

[3] Projektstrukturplan

Es ist üblich, diesen Zyklus in sogenannte **Projektmanagementphasen** zu unterteilen.
Die DIN 69901-5 benennt die Abschnitte des Projektlebenszyklus wie folgt:

- **Initialisierung**
- **Definition**
- **Planung**   !
- **Steuerung**
- **Abschluss**

3.1.5 Projekterfolg, Projektmanagementerfolg

Gehen wir nun kurz auf den Begriff **Projekterfolg** ein.
Es ist der **Grad**, bis zu welchem das **Projektergebnis pünktlich**, **innerhalb** des **Budgets** und **gemäß** den **Spezifikationen** geliefert wird. Es   !
ist der Grad der Einhaltung des magischen Dreiecks.

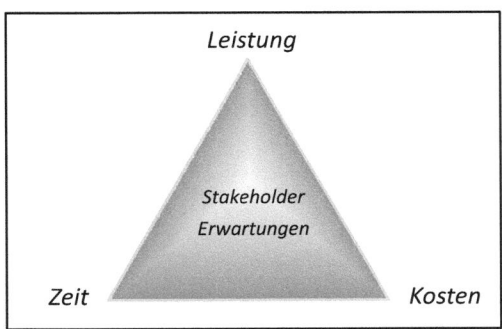

Abb. 4: Magisches Dreieck

Die Ecken des **Magischen Dreiecks** (Zeit, Kosten, Leistung) stehen in
Zielkonkurrenz zueinander; sie beeinflussen sich gegenseitig. Z. B.:   !

- Wenn eine schnellere Realisierung gewünscht wird (Terminverkürzung), ist das mit einer Kostenerhöhung verbunden und/oder einer Leistungsreduzierung.

- Wird eine zusätzlich Leistung gewünscht, so werden die Kosten steigen und/oder der Termin sich nach hinten verschieben.

Um einen Projekterfolg zu erreichen, muss aber nicht nur das Magische Dreieck eingehalten werden, sondern zusätzlich müssen die

wichtigsten Interessensgruppen (Stakeholder) **zufriedengestellt** werden.

Der **Projektmanagementerfolg** hingegen ist der **effektive** und **effiziente Einsatz** von Methoden und Techniken des Projektmanagements im Projekt, um den wirtschaftlichen Erfolg und die Zufriedenheit der Stakeholder zu gewährleisten.

Als weitere Erfolgsbegriffe müssen wir den Anwendungs- und Abwicklungserfolg eines Projekts unterscheiden können.

Der **Abwicklungserfolg** bezieht sich auf die erfolgreiche Durchführung des Projekts, also auf die Realisierung innerhalb des magischen Dreiecks aus Kosten, Leistung und Termin.

Der **Anwendungserfolg** bezieht sich auf die anschließende erfolgreiche Verwendung des Projektergebnisses.

Der Projektleiter ist für den Abwicklungserfolg verantwortlich, nicht für den Anwendungserfolg.

Ein Beispiel: *In einem Forschungsprojekt ist die erfolgreiche Entwicklung eines neuen Klebebands der Abwicklungserfolg. Ist dieses Klebeband anschließend auch im Markt erfolgreich, so liegt auch ein Anwendungserfolg vor.*

3.1.6 Erfolgsfaktoren

In der Regel stellt sich ein Projekterfolg nicht einfach so ein, sondern es werden Erfolgsfaktoren benötigt – Faktoren, die den Erfolg beeinflussen.

Beispielhaft kann genannt werden:

Unternehmensleitung:

- Top-Management-Unterstützung
- Angemessene Befugnisse des Projektleiters
- Gutes Projektmanagementhandbuch
- Qualifizierungskonzept für Mitarbeiter
- Stimmiges Ressourcenmanagement
- Schaffung einer vertrauensvollen Arbeitsatmosphäre
- Abgestimmte Ziele mit dem Projektleiter

Projektleiter:

- Gute Selbstorganisation
- Management- und Führungsfähigkeiten
- Aktives Stakeholdermanagement
- Gute Kommunikation
- Klare, abgestimmte Ziele mit dem Team
- Angemessener Einsatz von Planungs- und Kontrollinstrumenten
- Fähigkeit, Konflikte rechtzeitig zu erkennen und zu lösen
- Schaffung einer vertrauensvollen Arbeitsatmosphäre
- Teamfähigkeit

Projektteam:

- Fachliche Kompetenz
- Methodenkompetenz
- Korrekte Berichterstattung
- Professionelle Zusammenarbeit

3.1.7 Vorgehensmodelle

Kommen wir nun zu einem weiteren wichtigen Punkt: wie kann ein Projekt abwickelt werden? Wie wollen wir vorgehen?

Hierfür sind verschiedene Vorgehensmodelle entwickelt worden, die die Prozesse, Phasen, Methoden und Elemente für einen **standardisierten Projektablauf** zusammenfassen.

Grundsätzlich werden die Vorgehensmodelle unterteilt in:

- **Übergreifende Vorgehensmodelle**: Sie enthalten Prozesse und Modelle, die für das konkrete Projekt angepasst werden müssen. **!**

- **Spezifische Vorgehensmodelle**: Diese sind unternehmens- oder **branchenspezifisch**, wie z. B. HOAI für Bauprojekte. Sie sind aus übergreifende Vorgehensmodelle abgeleitet.

Übergreifende Modelle unterteilt man wiederum in:

- **Sequenziell**: z. B. Wasserfall-Modell, V-Modell
- **Nebenläufig**: z. B. Simultaneous Engineering **!**
- **Wiederholend**: z. B. Inkrementelles Modell, Spiralmodell
- **Agil**: z. B. Scrum

3.1.8   Sequenzielle Modelle

Schauen wir uns hierzu die zwei bekanntesten Vertreter an: (Timinger, 2017)

Wasserfall-Modell

Das Wasserfall-Modell ist der Ursprung aller sequenziellen Modelle. Merkmal dieses Modells ist, dass ihre Phasen **streng hintereinander** ablaufen: Eine Phase beginnt, wenn die vorherige beendet ist.

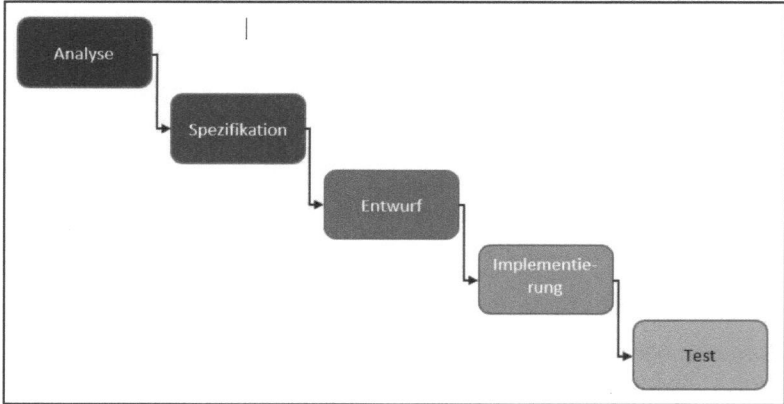

Abb. 5: Wasserfall-Modell

V-Modell

Das V-Modell ist eine Variation des Wasserfall-Modells und hat seinen Ursprung in der Softwareentwicklung.
Im linken absteigenden Ast der Abb. 6 wird das Projekt vom Grobentwurf (Lastenheft) bis zum Feinentwurf immer detaillierter spezifiziert. Nach der Implementierung werden anschließend alle Komponenten getestet, zum Sub- oder Gesamtsystem integriert und erneut getestet (rechter Ast). Der Abschluss ist die Validierung der Kundenforderungen und die Abnahme.

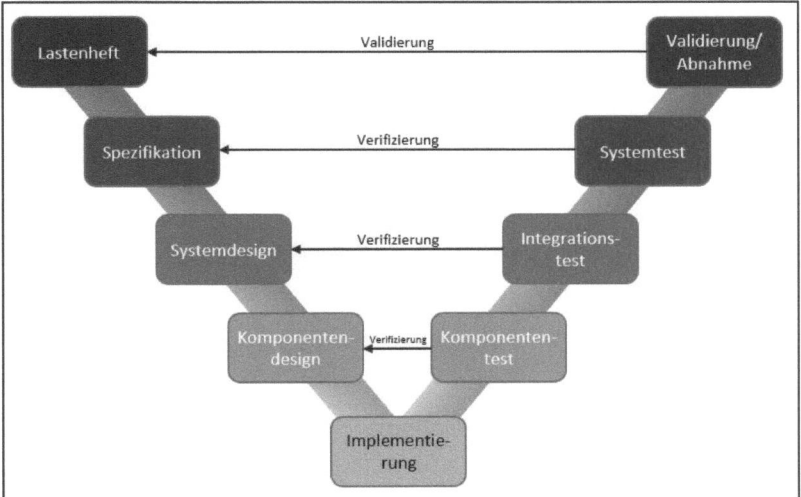

Abb. 6: V-Modell

Es wird unterschieden zwischen:

- **Verifizierung**: ein eindeutiger Nachweis, dass eine bestimmte Anforderung erfüllt ist. Es beantwortet die Frage, ob richtig implementiert wurde.

- **Validierung**: ein Nachweis, dass der im Lastenheft dokumentierte Kundenwunsch erfüllt wurde. Es beantwortet die Frage, ob das Richtige entwickelt wurde.

!

3.1.9 Nebenläufige Modelle

Merkmal eines nebenläufigen Modells ist, dass eine nächste Phase gestartet wird, wenn ausreichende Informationen (bspw. Teilergebnisse) vorliegen, unabhängig davon, ob die vorhergehende Phase abgeschlossen wurde. D. h., die **Phasen überlappen sich**. Ziel ist es, die Projektlaufzeit zu verkürzen. (Timinger, 2017)

Das bekannteste nebenläufige Modell ist das **Simultaneous Engineering** (Abb. 7).

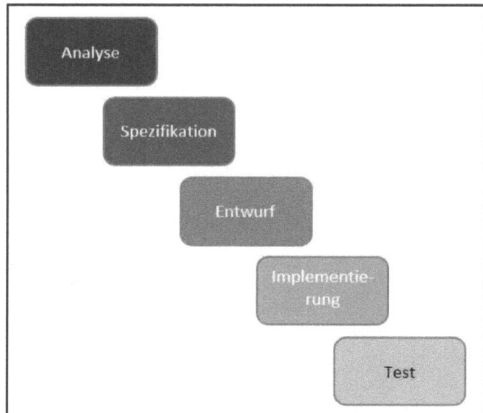

Abb. 7: Simultaneous Engineering

3.1.10 Wiederholende Modelle

Der Vollständigkeit halber, hier noch zwei **wiederholende Modelle**:
(Timinger, 2017)

Inkrementelles Vorgehensmodell

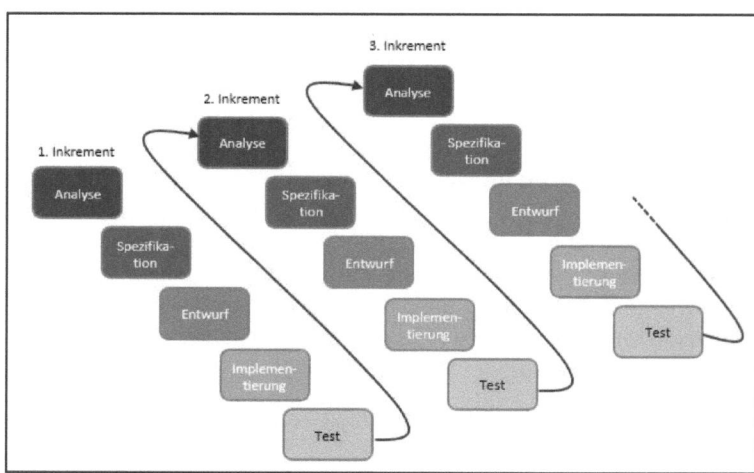

Abb. 8: Inkrementelles Modell

Beim **inkrementellen Modell** wird das Projekt in Inkremente unterteilt. Jedes Inkrement durchläuft seine eigenen Phasen. Jedes Inkrement kann getestet werden und evtl. auch ausgeliefert werden. Die einzelnen Inkremente können hierbei sequenziell und/oder parallel bearbeitet werden.

I.d.R. kann der Auftraggeber mit den einzelnen Inkrementen wenig anfangen. Erst, wenn alle Inkremente zusammengefügt wurden, ist das Projektergebnis nutzbar.

Iteratives Vorgehensmodell

Beim **iterativen Modell** wird das Projektergebnis in **wiederholenden Iterationen** schrittweise erzeugt – man **nähert** sich **schrittweise** an die endgültige **Lösung** an. Es entstehen durch die Iterationen immer wieder verbesserte Versionen, wie z.B. Prototyp 1 → Prototyp 2 → Prototyp für Kundentest → …   !

I.d.R ist eine „frühe" Version des Produkts bereits nutzbar. Die Iterationen werden dazu genutzt, Anforderungen zu konkretisieren und von Iteration zu Iteration die Ziele zu verfeinern.

3.1.11 Kanban

Kommen wir nun zu den agilen Methoden. Als Erstes möchte ich kurz auf Kanban eingehen. Es kommt aus dem japanischen und kann als visuelle Karte übersetzt werden. Der Ursprung von Kanban liegt im Toyota-Produktionssystem. (Timinger, 2017)

Kanban schreibt keine Abläufe oder Strukturen vor – es werden keine konkreten Rollen oder Besprechungen vorgeschrieben. Das heißt aber nicht, dass Kanban-Teams diese nicht haben können.

Grundgedanke von Kanban ist, durch ein **Pull-Prinzip** die **Selbstorganisation** zu fördern: die Mitarbeiter ziehen (englisch: pull) für sich die Aufgaben (in Form von Karten) (vom Kanban-Board), anstatt sie vom Projektmanager zugewiesen zu bekommen.   !

Schauen wir nun die **vier Grundprinzipen** von Kanban an:

- Starte mit dem, was Du gerade machst.
- Strebe inkrementelle, evolutionäre Veränderungen an.   !
- Berücksichtige aktuelle Prozesse, Rollen, Verantwortlichkeiten und Titel.

- Fördere Führung und Verantwortung auf allen Ebenen der Organisation.

Darüber hinaus ist es wichtig, die **Praktiken** zu kennen:

- Mache den Workflow sichtbar: Kanban-Karten, Kanban-Board.

- Limitiere die angefangene Arbeit: vermeide schädliches Multitasking.

- Messe und manage den Workflow: Vorlaufzeit, Durchlaufzeit, Durchsatz.

- Mache Prozessregeln eindeutig und bekannt: Alle Beteiligten müssen den Prozess kennen.

- Entwickle Feedbackmechanismen: z. B. tägliche Kurzbesprechung vor dem Kanban-Board.

- Führe gemeinschaftlich Verbesserungen durch: Feedback muss verarbeitet und zu Verbesserungen führen.

3.1.12 Scrum

Als zweites agiles Verfahren schauen wir uns Scrum etwas genauer an. **Scrum** ist ein **agiles, iteratives Vorgehensmodell**, deren Ursprung in der Softwareentwicklung liegt. Inzwischen wird es auch für andere Projekte eingesetzt. Es **führt** aber **nicht** bei **allen Arten** von Projekten zum **Erfolg**.
(Sutherland & Schwaber, 2020) (Pichler, 2007)

Rollen

Das **Team** in Scrum hat eine ideale Größe von 5-9 Mitgliedern. Es besteht aus:

Product Owner:

- Repräsentiert den Kunden.
- Ist verantwortlich für wirtschaftlichen Erfolg des Projekts.
- Schreibt bzw. initiiert die User Storys und priorisiert sie.
- Ist verantwortlich für das Product Backlog.

Scrum Master: !

- Ist verantwortlich für das Funktionieren des Prozesses.
- Ist Coach, Mentor, Moderator, Vermittler.
- Greift nur ein, wenn sich das Team blockiert.
- Schafft optimale Arbeitsbedingungen für das Team und löst Blockaden, Hindernisse usw.

Developer: !

- Experten, die die Anforderungen umsetzen.
- Das Team organisiert sich selbst.
- Im Team gibt es keine Hierarchien.
- Das Team ist interdisziplinär.

Was vielleicht sofort auffällt: es gibt in Scrum **nicht die Rolle eines**   !
Projektleiters.

Zusammenfassend kann man sagen: die Developer organisieren sich bei der Erstellung der Inkremente (des Produkts) selbst, der Product Owner repräsentiert den Kunden und ist für den Erfolg verantwortlich und der Scrum Master ist der Coach und Unterstützer der Developer.

Artefakte

Product Backlog   !

Das Product Backlog ist eine geordnete Liste der Anforderungen an das Produkt. Es ist die einzige Quelle der Arbeit, die durch das Scrum Team erledigt wird. Alle Anforderungen sind priorisiert.
Das Product Backlog wird permanent aktualisiert. Dadurch können sich Anforderungen ändern, hinzukommen oder auch gestrichen werden.
Im Product Backlog werden die Anforderungen oftmals in Form von User Storys und Epics formuliert.

Eine **User Story** ist eine Anforderung, die bewusst knapp und in All-   !
tagssprache verfasst wurde. Sie ist aus Sicht einer Rolle (häufig die des Anwenders) formuliert:

ALS *<Benutzerrolle>* MÖCHTE ICH *<das Ziel>*, SO DASS *<Begründung>*

Die Begründung darf hierbei auch weggelassen werden.

Ein **Epic** ist eine große, noch vage User Story. Die Anforderung ist nur grob skizziert und hinsichtlich ihrer Größe noch nicht einschätzbar.

! Sprint Backlog

Es enthält die von den Developern aus den User Storys abgeleiteten **Tasks**, die im **aktuellen Sprint abgearbeitet** werden. Sie werden selbstständig (entsprechend der Priorität) aus dem Product Backlog in das Sprint Backlog gezogen und können von dort aus bearbeitet werden.

! Produktinkrement

Das Produktinkrement ist das **Arbeitsergebnis** eines **Sprints**. Es ist lauffähig bzw. vorzeigbar. Es wird vom Product Owner oder dem Kunden **getestet**. Entsprechende Rückmeldungen fließen in die Planung des nächsten Sprints bzw. in das Product Backlog ein.

Events

! Sprint Planning Meeting

Es findet **vor** dem **Start** eines **Sprints** statt und hat zwei Teile.
Im ersten Teil wird das **Was** behandelt: Welches **Ziel** hat der nächste Sprint und welche User Storys werden bearbeitet.
Im zweiten Teil geht es dann um das **Wie**. Wie erfolgt die Umsetzung der ausgewählten Anforderungen? Die User Storys werden zu **Tasks** heruntergebrochen und im **Sprint Backlog** abgelegt.
Für beide Teile werden bei einem 4 Wochen Sprint 8 Stunden angesetzt.
Teilnehmer: Developer, Scrum Master, Product Owner (nur bei „was") und evtl. Kunde (nur bei „was").

! Sprint

Zeitraum, in dem die Anforderungen an das Produkt umgesetzt werden und in der das **Produktinkrement erstellt** wird. Es wird stets ein **konstanter Zeitraum** angesetzt (z. B. 4 Wochen).

Daily Scrum

!

Tägliches Treffen am selben Ort zur selben Zeit mit einer Dauer von max. 15 Minuten. Jeder Developer hat drei Fragen zu beantworten:

- Was wurde seit gestern erreicht?
- Was ist für heute geplant?
- Welche Hindernisse gibt es bzw. welche Unterstützung wird gebraucht?

Teilnehmer: Scrum Master, Developer, Product Owner

Sprint Review

!

Es wird am **Ende eines Sprints** durchgeführt. In ihm wird das fertiggestellte **Produktinkrement** dem Produkt Owner und evtl. dem Kunden **präsentiert**. Für die Dauer werden ca. **4 Stunden** eingeplant.

Sprint Retrospective

!

Die Sprint Retrospective wird ebenfalls am **Ende eines Sprints** durchgeführt und ist ein **Lessons Learned** Workshop des vergangenen Sprints: Was lief gut? Was lief schlecht? Was sollen wir für die nächsten Sprints übernehmen? In der **Retrospektive** können somit **Ansätze** für **verbesserte Prozesse**, verbesserte **Kommunikation** oder andere **Verbesserungsmöglichkeiten identifiziert** werden. Die Basis sind dabei die Erfahrungen des aktuellen Sprints. Die Verbesserungen werden im nächsten Sprint umgesetzt. Für die Dauer werden ca. **3 Stunden** eingeplant.
Teilnehmer: Developer, Scrum Master, Product Owner

Abschließend möchte ich darauf hinweisen, dass es **in Scrum** (wie in allen agilen Vorgehensmethoden) **keinen Phasenplan** gibt, wie wir ihn bei den sequenziellen/traditionellen Methoden kennen (s. Abschnitt 3.1.4)

!

3.2   Anforderungen und Ziele

3.2.1   Abgrenzung: Ziel – Anforderung

Anforderungen und Ziele hören sich inhaltlich ziemlich ähnlich an. Wo ist deren Abgrenzung in Bezug auf ein Projekt?

- **Ziele** beschreiben, was mit dem Projekt erreicht werden soll. Wichtig ist, dass Ziele **unterschiedliche Lösungen erlauben.** Der Projekterfolg wird durch das Erreichen der Projektziele sichergestellt.

- **Anforderungen** bilden die Grundlage für das Design des Projektgegenstands und werden aus den Projektzielen abgeleitet. Sie werden bei der Überprüfung und der Freigabe des Projektgegenstands herangezogen.

Auch wenn es diese Unterscheidung gibt, gilt vieles aus den folgenden Unterkapiteln nicht nur für Ziele, sondern auch für Anforderungen. Denn auch Anforderungen werden formuliert, priorisiert usw.

3.2.2   Ziele

Welche Funktion hat eigentlich ein Ziel?

Es gibt **5 Zielfunktionen**:

- **Orientierungsfunktion:** Gibt die Orientierung, worum es bei dem Projekt geht und wie es einzuordnen ist.

- **Koordinierungsfunktion:** Hilft bei der Identifizierung von Schnittstellen und bei der Koordination der einzelnen Projekttätigkeiten.

- **Kontrollfunktion**: Maßstab für die Bewertung des Projekts und der Projektentscheidungen.

- **Selektionsfunktion**: Hilft, Aufgaben zu priorisieren und Entscheidungen zu treffen.

- **Verbindungsfunktion**: Verbindet die Mitglieder des Projektteams durch „Wir"-Gefühl.

Es ist üblich, die Ziele nach ihrer Art zu unterteilen. Wir merken uns fünf **Zielarten** (wir kommen im Fallbeispiel in Kapitel 4 noch einmal darauf zurück):

- Leistungsziele
- Kostenziele
- Terminziele
- Soziale Ziele
- Nichtziele

!

Zusätzlich gibt es auch noch eine Unterteilung dieser Zielarten in **Ergebnisziel** und **Vorgehensziel**. Jedoch findet man hierzu in der Literatur keine eindeutige Zuordnung.

3.2.3 Zielformulierung

Wie sollten Ziele formuliert sein, damit sie nicht missverstanden oder missdeutet werden können?

Die bekannteste Regel hierfür ist **SMART**:

S	Specific	Spezifisch
M	Measurable	Messbar
A	Achievable	Akzeptiert (Attraktiv)
R	Realistic	Realistisch (Relevant)
T	Time-bound	Terminiert

!

Da die deutsche Übersetzung nicht „genormt" ist, tauchen leider in der Literatur für A und R verschiedene Begriffe auf, die ich in Klammer mit aufgeführt habe.

Als Alternative steht auch das Verfahren **PURE** zur Verfügung:

P	Positively Stated	Positiv formuliert
U	Understood	Unmissverständlich
R	Realistic	Realistisch
E	Ethical	Ethisch

Neben das Formulieren von SMARTen Zielen ist es wichtig, dass Ziele **lösungsneutral** formuliert werden (es sein denn, dass es zwingende Gründe gibt, den Lösungsweg schon mit vorzugeben).

!

3.2.4 Zielbeziehungen

Wenn man mehrerer Ziele formuliert hat, wird man feststellen, dass diese in Beziehung zueinanderstehen.

Wir unterscheiden fünf Zielbeziehungen:

- **Zielantinomie**: Die Ziele schließen sich gegenseitig aus.
- **Zielkonkurrenz**: Das Erreichen des einen Ziels erschwert das Erreichen des anderen Ziels.
- **Zielneutralität**: die Ziele beeinflussen sich nicht.
- **Zielkomplementarität**: Das Erreichen des einen Ziels fördert das Erreichen des anderen Ziels.
- **Zielidentität**: Die Ziele sind gleich.

Ähnlich einem Paarvergleich kann man einzelne Ziele paarweise auf ihre Verträglichkeit hin überprüfen und in einer sogenannten **Zielverträglichkeitsmatrix** darstellen.

3.2.5 Zielpriorisierung

Eine der gängigsten Priorisierung von Zielen ist das **MuSCoW**- Verfahren:

- **Mu**st: ein Ziel, das realisiert werden muss.
- **S**hould: ein Ziel, das unbedingt realisiert werden sollte. Es wäre nützlich, wenn dieses Ziel erreicht wird.
- **Co**uld: ein Ziel, das realisiert werden könnte. Das Fehlen wird nicht als Mangel angesehen.
- **W**on't: Abgrenzungsmerkmal. Es wird nicht realisiert.
  Wichtig: Auch diese Ziele werden positiv formuliert!
  Beispiel: Wenn ein Event kein Gästetransport vorsieht, lautet das Won't-Ziel: „Es wird ein Gästetransport organisiert."

3.3   Leistungsumfang und Lieferobjekte

3.3.1   Lastenheft

Das Lastenheft (**User Requirement Specification**) wird vom **Kunden verfasst** und beschreibt, „**was** gemacht werden muss" und „**wofür** etwas gemacht werden muss".
Es dient dem Projektteam als Basis zum Erstellen eines Pflichtenhefts.

Inhalte eines Lastenhefts könnten sein:

- Ausgangslage
- Zielsetzung (aus Kundensicht)
- Produkteinsatz (Anwendungsbereich, Zielgruppen, Einsatzbedingungen)
- Ist-Situation
- Funktionale Anforderungen
- Nichtfunktionale Anforderungen
- Schnittstellen/ Umgebung
- Test und Abnahme
- Dokumentation
- Sonstiges

3.3.2   Pflichtenheft

Das Pflichtenheft (Functional Specification) wird vom **Auftragnehmer verfasst** und beschreibt, „**wie** etwas gemacht werden muss" und „**womit** etwas gemacht werden muss".

Inhalte eines Lastenhefts könnten sein:

- Ausgangslage
- Zielsetzung (SMART formuliert)
- Machbarkeitsanalyse
- Produktbeschreibung
- Ist-Situation
- Funktionale Spezifizierung
- Nichtfunktionale Spezifizierung
- Schnittstellen/ Umgebung
- Test und Abnahme
- Dokumentation
- Zeitplanung/ Meilensteine
- Sonstiges

3.3.3 Projektstrukturplan (PSP)

Der Projektstrukturplan (**PSP**) ist eine **vollständige hierarchische Darstellung** aller Elemente eines Projekts, wie z. B. Teilprojekte, Teilaufgaben und Arbeitspakete.
Der PSP beantwortet die Fragen:

- Was ist zu tun?
- Wer macht was/ ist für was verantwortlich?
- Wie ist das Projekt strukturiert?

Hierzu wird im PSP das Projekt in **Teilprojekte**, **Teilaufgaben** und **Arbeitspakete zerlegt**. Bei der Gliederung in Teilaufgaben ist zu beachten, dass eine Teilaufgabe aus mindestens zwei Arbeitspaketen besteht. Durch diese Zerlegung wird die **Komplexität** des Projekts **reduziert**.
Der PSP ist die **Basis** für alle **weiteren Pläne**, wie den Ablauf- und Terminplan, den Ressourcenplan und den Kostenplan. Werden beim PSP Aufgaben vergessen, so wirkt sich dieses auf die weiteren Planungsschritte aus. Der PSP kann jedoch nicht für Rollenbeschreibungen verwendet werden

Um einen Projektstrukturplan zu strukturieren, kann man folgende **Gliederungsarten** verwenden:

Phasenorientiert

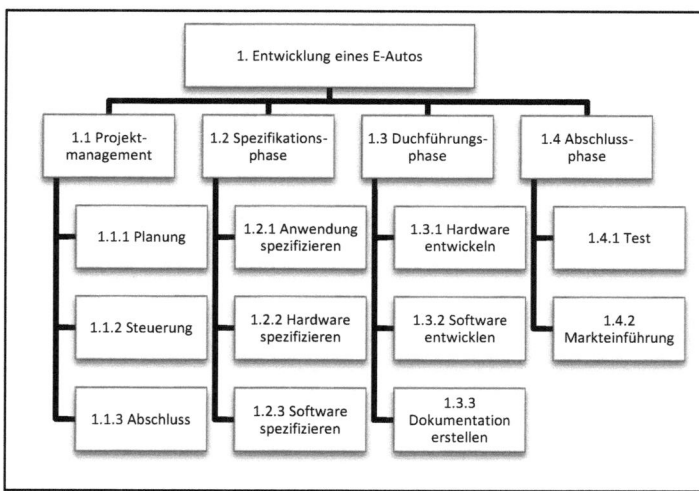

Abb. 9: Phasenorientierter PSP

Objektorientiert

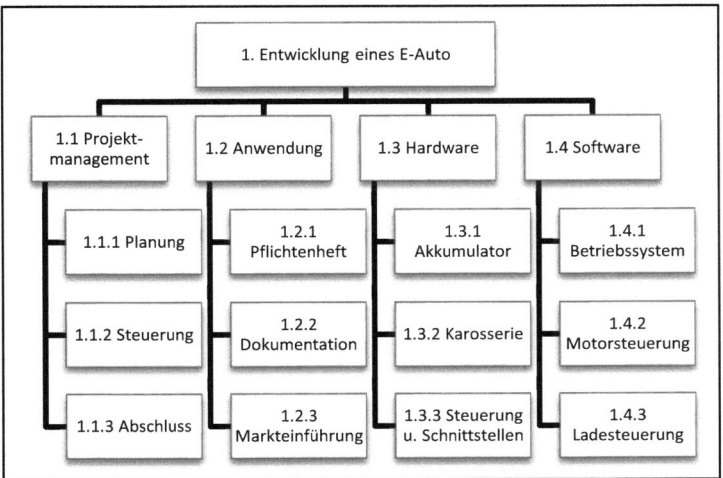

Abb. 10: Objektorientierter PSP

Funktionsorientiert

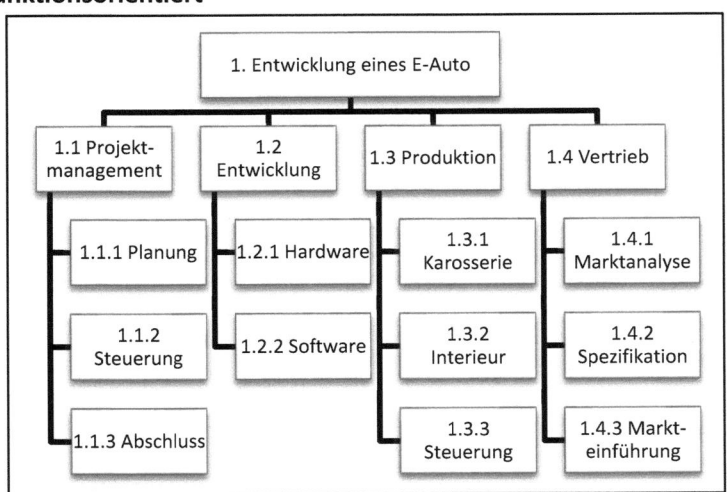

Abb. 11: Funktionsorientierter PSP

Darüber hinaus gibt es den **gemischtorientiert PSP**, der eine Misch-darstellung der eben genannten Varianten nutzt, z. B. in der ersten Unterebene objektorientiert und in der zweiten Unterebene phasen-orientiert.

Einen PSP nach Kostenstellen zu gliedern, funktioniert übrigens nicht.

Was fällt aber bei allen Darstellungen auf?

1. Der erste Zweig (ganz links) ist immer das **Projektmanage-ment**.

2. Alle Arbeitspakete, Teilaufgaben usw. haben eine **eindeutige** Nummer, eine sog. **Codierung**.

Bei der **Codierung** gibt es zwei Möglichkeiten:

- **Identifizierend**: Eine **eindeutige Identifizierung** ermöglicht das Erkennen, sie enthält aber keine weiteren Informatio-nen:
    - Numerisch: „1" / „1.1" / „579"
    - Dekadisch: 1. Stufe: „1", „2" / 2. Stufe „10", „20"
    - Alphabetisch: „A", „B", „FP", „GS"
    - Alpha-Numerisch: „A1", „B1", „B1.2"

- **Klassifizierend**: Sie enthält **zusätzlich** zur identifizierenden Codierung noch weitere **Informationen**:
  z.B. „Projektnummer_Teilaufgabe_Arbeitspaketnummer_Ar-beitspaketverantwortlicher

3.3.4 Arbeitspaket

Das Arbeitspaket ist die **kleinste Einheit** im Projektstrukturplan. Es stellt grundsätzlich eine in sich **geschlossene Aufgabe** dar und hat ein **definiertes Ergebnis**. Für jedes Arbeitspaket ist **ein Verantwortlicher** eindeutig benannt. Natürlich können trotzdem mehrere Personen an dem Arbeitspaket arbeiten.
Durch die Summe aller Arbeitspakete wird das Projekt komplett be-schrieben.

Sollte es bei einem Arbeitspaket vorkommen, dass man keine klare Verantwortlichkeit zuweisen kann oder man Kosten, Aufwand usw. nicht schätzen kann oder Ergebnisse nicht objektiv messbar sind, so muss dieses Arbeitspaket so lange weiter in Vorgänge zerlegt werden, bis es eine eindeutige Verantwortung gibt bzw. die Anforderungen müssen näher spezifiziert und operationalisiert werden, um messbar zu werden.

3.4 Ablauf und Termine

3.4.1 Projektphasen

Aus Kapitel 3.1.4 wissen wir bereits, dass nach DIN 69901-5 für ein Projekt die **Projektmanagementphasen** Initialisierung, Definition, Planung, Steuerung und Abschluss existieren. Wie wir im phasenorientierenden PSP gesehen haben (s. 3.3.3), gibt es neben den Projektmanagementphasen noch weitere **Projektphasen**. Doch was versteht man unter Projektphasen?

Eine Projektphase ist:

- ein zeitlicher Abschnitt eines Projekts.
- eine sachliche Abgrenzung gegenüber anderen Abschnitten.
- eine Abgrenzung zu den Projektmanagement-Phasen.

Hierbei ist zu beachten:

- **Projektmanagementphasen** sind für alle Projekte **identisch**.
- **Projektphasen** sind **projektspezifisch**, sowohl von der Anzahl als auch von ihrer Namensgebung.

3.4.2 Phasen- und Meilensteinplanung

Ziele der Phasen- und Meilensteinplanung sind: (Timinger, 2017)
- Erste Grobstrukturierung des Projekts durch Einteilung in sequenzielle und/oder parallele Phasen.
- Überblick über den Projektverlauf zu verschaffen, indem Aufgaben und Ressourcen den Phasen zugeordnet werden.
- Erste Schätzung von Kosten und Terminen.

Bevor wir zum Phasen- und Meilensteinplan kommen, müssen wir noch klären, was ein Meilenstein ist.

Eigenschaften eines **Meilensteins** sind:

- Definiertes **Ereignis** mit **besonderer Bedeutung**
- Dient dem Phasenübergang
- Zeitpunkt bezogener Status
- Hat immer die Dauer 0

Ein Phasenplan besteht aus benannten Phasen und Meilensteinen, die beschrieben sind. Jede **Phase startet und endet** mit einem **Meilenstein**. Die Projektmanagementphasen gehören nicht zum Phasenplan, sondern zum PSP.

Ein Phasenplan mit vier Phasen könnte z. B. wie folgt aussehen:

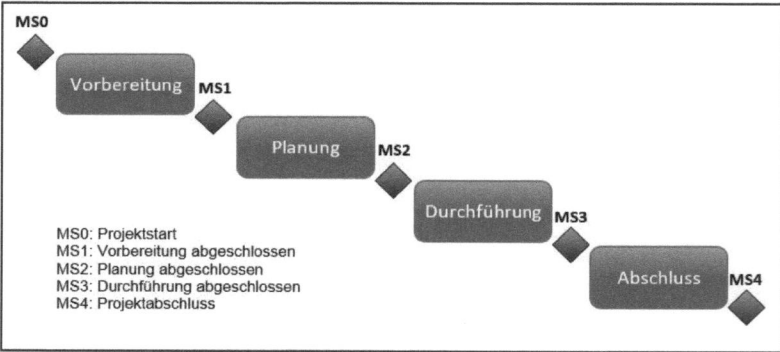

Abb. 12: Phasenplan (Beispiel)

3.4.3 Ablauf- und Terminplanung

Der **Ablaufplan** legt die sachlogische Reihenfolge der Aufgaben im Projekt fest. Der **Terminplan** ergänzt den Ablaufplan, durch die Berücksichtigung realistischer Durchlauf- und Wartezeiten, um konkrete Termine (Timinger, 2017).

Gantt-Diagramm

Ein wichtiger Vertreter der Ablauf- und Terminplanung ist der vernetzte Balkenplan, auch bekannt als **Gantt-Diagramm**. Henry Gantt hat diesen bereits 1917 erfunden.

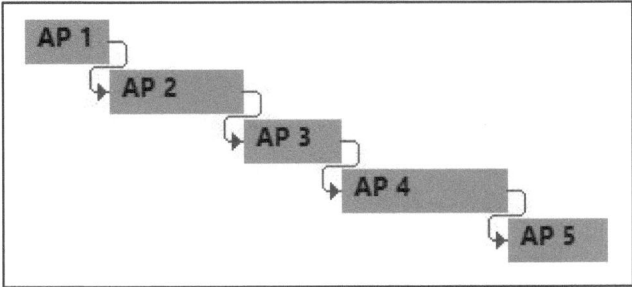

Abb. 13: Gantt-Diagramm

Die nächste Art, Abläufe darzustellen, sind **Netzpläne**. Netzpläne sind laut DIN 69900 die *„grafische oder tabellarische Darstellung einer Ablaufstruktur, die aus Vorgängen bzw. Ereignissen und Anordnungsbeziehungen besteht"*. Dabei werden die Vorgänge und ihre inhaltlichen **Abhängigkeiten** sowie die **Dauer** der einzelnen Vorgänge aufgeführt. Davon ausgehend können **früheste** und **späteste End-** und **Anfangszeitpunkte** sowie der **Gesamtpuffer** und der **freie Puffer** berechnet werden. Außerdem kann der **kritische Pfad** identifiziert werden.

Wow, jede Menge Schlagworte. Gehen wir sie einzeln durch:

Anordnungsbeziehung

Vorgänge können unterschiedlich aufeinander folgen:

- **Normalfolge (NF)** oder **(EA)**

  Der Nachfolger beginnt, wenn der Vorgänger beendet ist → Ende-Anfang (EA)

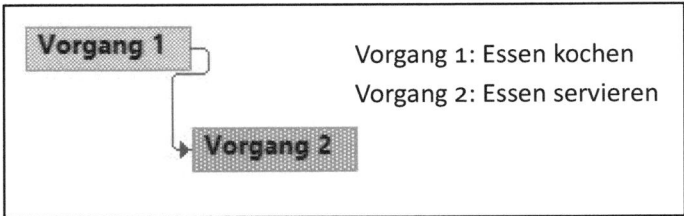

Vorgang 1: Essen kochen

Vorgang 2: Essen servieren

Abb. 14: Normalfolge (EA)

- **Anfangsfolge (AA)**

Zwei Vorgänge beginnen gleichzeitig

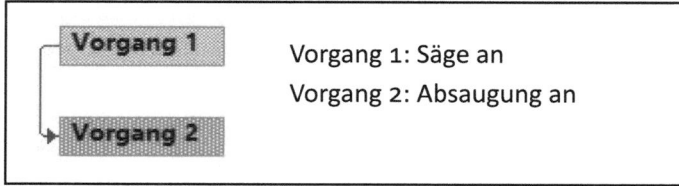

Vorgang 1: Säge an

Vorgang 2: Absaugung an

Abb. 15: Anfangsfolge (AA)

- **Endfolge (EE)**

Zwei Vorgänge enden zur gleichen Zeit.

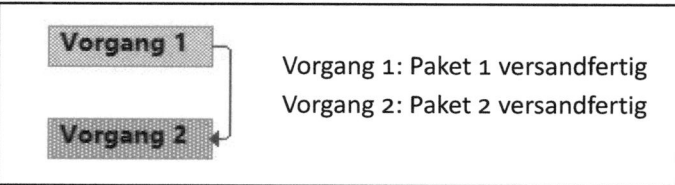

Vorgang 1: Paket 1 versandfertig

Vorgang 2: Paket 2 versandfertig

Abb. 16: Endfolge (EE)

- **Sprungfolge (SF) oder (AE)**

Eine weniger verwendete Beziehung, da es einer Rückwärts-planung entspricht. Der Nachfolger endet zum Zeitpunkt des Beginns des Vorgängers.

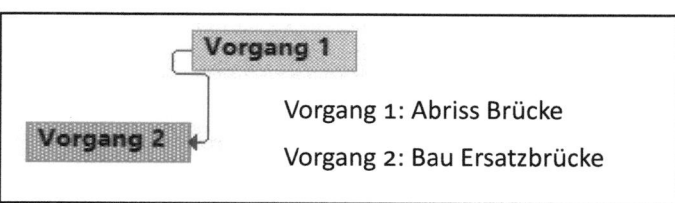

Vorgang 1: Abriss Brücke

Vorgang 2: Bau Ersatzbrücke

Abb. 17: Sprungfolge (AE)

Um Netzpläne aufzustellen, werden die einzelnen Vorgänge als sogenannte Knoten dargestellt. Ein Netzplan hat keine Zeitachse. Alle Vorgänge werden so dargestellt, wie sie miteinander verknüpft sind:

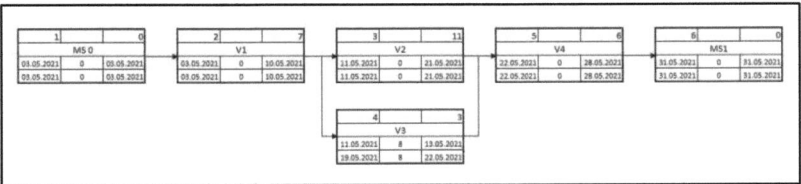

Abb. 18: Netzplan

Wie man einen Vorgangsknoten darstellt, ist nicht genormt und in der Literatur gibt es eine Vielzahl an unterschiedlichen Darstellungen. Die gängigste Darstellung ist:

Nr.		Dauer
	Vorgangsname	
FAZ	GP	FEZ
SAZ	FP	SEZ

Abb. 19: Vorgangsknoten

Jeder Knoten erhält, neben seiner Nummer, seiner Dauer und seinem Vorgangsnamen, noch zusätzliche Informationen:

FAZ: Frühester Anfangszeitpunkt (aus Vorwärtsrechnung)

FEZ: Frühester Endzeitpunkt (aus Vorwärtsrechnung und Dauer)

SEZ: Spätester Endzeitpunkt (aus Rückwärtsrechnung)

SAZ: Spätester Anfangszeitpunkt (aus Rückwärtsrechnung und Dauer)

GP: Gesamtpuffer: Gibt an, um wie viel ein Vorgang aus seiner frühesten Lage verschoben werden kann, ohne dass sich der Endtermin des Projekts verschiebt.

FP: freier Puffer: Gibt an, um wie viel ein Vorgang aus seiner frühesten Lage verschoben werden kann, ohne dass sich der nachfolgende Vorgang nach hinten verschiebt.

Für die Netzpläne wird zunächst eine **Vorwärtsberechnung** durchgeführt. Es werden damit die frühesten Anfangs- und Endzeitpunkte berechnet (FEZ = FAZ + Dauer). Der FEZ ist der FAZ des Nachfolgers (bei Normalfolge).

Anschließend erfolgt die **Rückwärtsrechnung**. Damit werden die spätesten Anfangs- und Endzeitpunkte berechnet (SAZ = SEZ − Dauer), wobei der SEZ sich aus dem SAZ des Nachfolgers ergibt (bei Normalfolge).

Als letztes erfolgt die Berechnung des Gesamtpuffers und des freien Puffers:

Gesamtpuffer

- Zeitspanne zwischen frühester und spätester Lage eines Vorgangs

- Zeitspanne, um die ein Vorgang aus seiner frühesten Lage verschoben werden kann, ohne dass das Ende des Gesamtprojekts verschoben werden muss

- GP = SEZ − FEZ = SAZ - FAZ

Freier Puffer

- Zeitspanne, um die ein Vorgang aus seiner frühesten Lage verschoben werden kann, ohne nachfolgende Vorgänge aus ihrer frühesten Lage zu verschieben

- FP = FAZ Nachfolger − FEZ (bei Normalfolgen)

- FP = FAZ Nachfolger − FAZ (bei Anfangsfolgen)

- FP = FEZ Nachfolger − FEZ (bei Endfolgen)

- FP = FEZ Nachfolger − FAZ (bei Sprungfolgen)

Grundsätzlich gilt: **GP >= FP**

Als Letztes möchte ich noch den **kritischen Pfad** erwähnen. Es ist der Pfad im Netzplan, bei dem der **Gesamtpuffer jedes Vorgangs null** ist. Eine Verspätung eines Vorgangs auf diesem Pfad führt zu einer Verspätung des gesamten Projekts.

So, das war's zu den Netzplänen. Starker Tobak, nicht wahr? Zum Glück überlassen wir solche Arbeit i.d.R einer Software. Wer daran interessiert ist, kann ein Beispiel mal für sich durchexerzieren. Meines Wissens kam bisher in keiner Prüfung eine Berechnung dran, da es sehr zeitintensiv ist. Die **Begriffe** wie z. B. Gesamtpuffer, freier Puffer oder Vorwärtsrechnung sollte man jedoch durchaus **erklären können**.

3.4.4 Projektsteckbrief

Der **Projektsteckbrief** ist ein Dokument für das Top-Management und gibt einen schnellen **Überblick** über die **wesentlichen Punkte** des Projekts. Er gibt Antworten auf die Fragen warum, was, wer, wieviel, wie und wann.
Mögliche **Inhalte** könnten sein:

- Projekttitel
- Kurzbeschreibung
- Auftraggeber
- Projektleiter
- Projektziele
- Termine
- Budget
- Risiken
- …

!

3.4.5 Projekt Canvas

Der Projekt Canvas ist eine visuelle Darstellung der wesentlichen Projektinformationen und detaillierter als der Projektsteckbrief. Er ist kein zwingender Bestandteil eines Projekts. Er kann im Projektstart-Workshop (s. 3.8.1) erarbeitet werden.
Mögliche **Inhalte** könnten sein:

- Projektname
- Version
- Datum
- Autor
- Projektziel
- Phasen und Meilensteine
- …

!

3.4.6 Aufwandsschätzung

Um Aufwände zu schätzen, können verschiedene Methoden verwendet werden:

- **Expertenbefragung**
    - Einzelbefragung
    - Delphi-Methode
    - Breitband-Delphi-Methode
    - Schätzklausur
    - Planning Poker
    - Dreipunktschätzung (PERT-Schätzung)
- **Vergleichsmethoden**
    - Analogiemethode
- **Algorithmische Schätzung (Parametrische Schätzung)**
    - COCOMO II
    - Funktionspunktverfahren
    - Object Points

Für Schätzklausuren ist immer ein akzeptierter Projektstrukturplan (PSP) (s. 3.3.3) Voraussetzung.
Einige Methoden möchte ich nun etwas näher betrachten.

Delphi- Methode

Die **Delphi-Methode** ist eine Methode der **Expertenschätzung** und kommt, wie gesagt, bei der Aufwandschätzung zum Einsatz.

- Der Moderator erklärt die zu schätzenden Aufgaben.
- Jeder Experte schätzt selbständig und anonym.
- Der Moderator wertet die Schätzwerte aus und teilt den Experten das Ergebnis mit.
- Bei deutlichen Abweichungen wird die Schätzrunde wiederholt.

Eine Variante ist die **Breitband-Delphi-Methode**. Sie entspricht der Delphi-Methode, allerdings dürfen die Experten die Aufgaben vor der Schätzung diskutieren.
Eine weitere Variante ist die **Schätzklausur**. Sie entspricht wiederum der Breitband-Delphi-Methode, wobei die Schätzung nicht anonym, sondern gemeinsam im Rahmen einer Diskussion erfolgt.

Planning Poker

Eine Schätzmethode, die vorwiegend in Scrum eingesetzt wird, ist das **Planning Poker**:   !

- Jeder Teilnehmer erhält einen Satz von Karten, die mit Zahlenwerten bedruckt sind, die für die Komplexität oder den Zeitbedarf stehen.

  Die Zahlenwerte entsprechen normalerweise den Fibonacci-Zahlen + je 1 Karte mit „?" für Klärungsbedarf und „Kaffeetasse" für Pausenbedarf.

- Ablauf ähnlich wie bei der Delphi-Methode, allerdings unter Benutzung der ausgeteilten Karten.

Dreipunktschätzung

Für die **Dreipunktschätzung**, auch **PERT-Schätzung** genannt, wird neben dem **wahrscheinlichsten** Wert zusätzlich eine Schätzung für einen **optimistischen** Wert und einen **pessimistischen** Wert abgegeben. Zur Berechnung des Schätzwertes wird der wahrscheinlichste Wert gewichtet (Faktor 4):

$$Schätzwert\ E = \frac{opt.\,Wert + 4 \cdot wahrsch.\,Wert + pess.\,Wert}{6}$$!

In Ergänzung kann eine Standardabweichung der Schätzung berechnet werden. Der Wert $E + 2\sigma$ wird mit einer Wahrscheinlichkeit von 95% nicht überschritten.

$$\sigma = \frac{pess.\,Wert - opt.\,Wert}{6}$$

Auch bei diesem Verfahren kann es zu einer großen Differenz zwischen dem optimistischen und pessimistischen Wert kommen, was ein Problem darstellen könnte. Gründe hierfür könnten eine zu hohe Komplexität der Schätzung sein oder fehlende Erfahrung bzw. unterschiedliche Annahmen über die zu schätzende Aufgabe, wenn mehrere Experten schätzen.   !

Analogiemethode

Bei der **Analogiemethode** werden die Aufgaben durch vorliegende Ergebnisse früherer, vergleichbarer Aufgaben/Projekte geschätzt. Voraussetzung hier ist, dass die Angaben zu Aufwänden und Aufgaben früherer Projekte verfügbar sind und die anstehenden Aufgaben mit früheren Aufgaben **vergleichbar** sein müssen.

3.5 Organisation, Information und Dokumentation

3.5.1 Projektorganisation

Abhängig vom Grad der bereichsübergreifenden Einbindung der Projektmitarbeiter wird eine spezielle Projektorganisation benötigt. Hierbei unterscheiden wir folgende Formen: (Burghardt, 2018) (Timinger, 2017)

- Einflussprojektorganisation
    - Projektmanagement in der Linie
    - Stabs-Projektorganisation
- Matrix-Projektorganisation
- Autonome (Reine) Projektorganisation

Doch woran mache ich es fest, welche Form das Unternehmen wählen sollte? **Auswahlkriterien** hierfür sind unter anderem:

- Erfahrungen mit den verschiedenen Organisationsformen
- Strategische Bedeutung des Projekts
- Komplexität des Projekts
- Art des Projekts
- Ressourcenverfügbarkeit
- Projektdauer
- Größe des Unternehmens
- ...

Kommen wir nun zu den einzelnen Organisationsformen im Detail.

Projektmanagement in der Linie

Dieses ist die am schwächsten ausgebildete Organisationsform. Der Projektleiter verbleibt in der Linie. Es ist eine extreme Form der **Einflussorganisation**. Oftmals ist der Projektleiter ein Gruppen- oder Abteilungsleiter. Diese Form der Organisation bietet sich nur bei sehr kleinen Projekten an, die innerhalb der Linie abgearbeitet werden können und keine bis wenig interdisziplinäre Zusammenarbeit erfordern.

Stabsprojektorganisation

Die Stabsprojektorganisation ist ebenfalls eine **Einflussorganisation**. Bei dieser Form ist der **Projektleiter** aus der Linie herausgelöst und nimmt eine **Stabsstelle** ein. Im Grunde genommen ist der Projektleiter nur ein Projektkoordinator, da er kaum Kompetenzen besitzt und nur koordinierend und lenkend wirken kann.

Die Einfluss- bzw. Stabsorganisation bietet sich für **kleinere Projekte** an, sowie für **strategische** und **Organisationsprojekte**.

Vorteile:

- Keine organisatorischen Änderungen notwendig
- Hohe Flexibilität beim Ressourceneinsatz (Projektmitarbeiter)
- Optimale Ressourcenauslastung (Projektmitarbeiter)
- Optimaler Wissensaustausch zwischen Projekt und Linie

Nachteile:

- Aufwändige Koordinierung
- Projektleiter hat kaum Möglichkeiten, sich durchzusetzen
- Starke Belastung der Linie
- Geringe Identifikation der Mitarbeiter mit dem Projekt

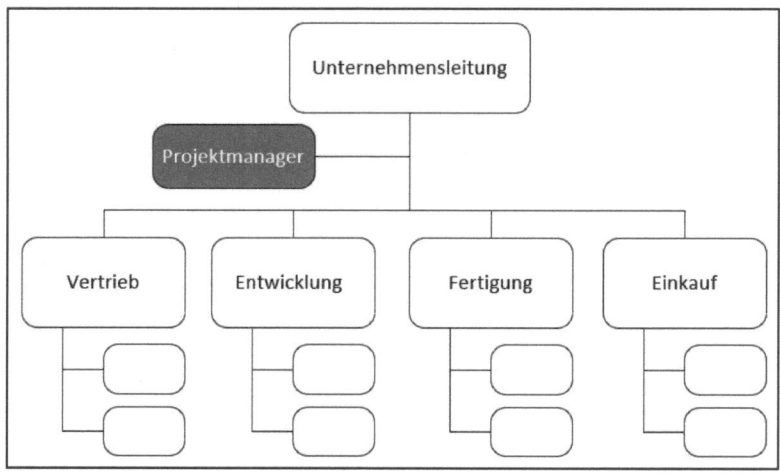

Abb. 20: Stabsprojektorganisation

Matrix-Projektorganisation

Bei der Matrixorganisation gibt es drei **Ausprägungen**: **schwach**, **ausgewogen** und **stark**. Der Unterschied der Ausprägungen liegt in der Position des Projektleiters gegenüber dem Linienmanager.
Bei der schwachen Matrixorganisation hat der Projektleiter nur koordinierende Aufgaben, während er bei der starken Matrixorganisation direkt auf die Mitarbeiter zugreifen kann, auch wenn er sich mit dem Linienmanager abstimmen muss. Bei der ausgewogenen Matrixorganisation haben Linienmanager und Projektleiter ungefähr den gleichen Einfluss.
Die Matrix-Projektorganisation empfiehlt sich für **mittlere** bis **große Projekte**, die **bereichsübergreifend** sind.

Vorteile

- Kein Herauslösen der Projektteammitglieder aus der Linie
- Flexibilität beim Ressourceneinsatz (Projektmitarbeiter)
- Schneller Wissensaustausch zwischen Projekt und Linie

Nachteile

- Organisatorischer Aufwand
- Gefahr des Machtkonflikts zwischen Projektmanager und Linienmanager
- Gefahr der Überlastung der Linie

- Gefahr der Vernachlässigung der Projektarbeit durch Projekt-teammitglieder

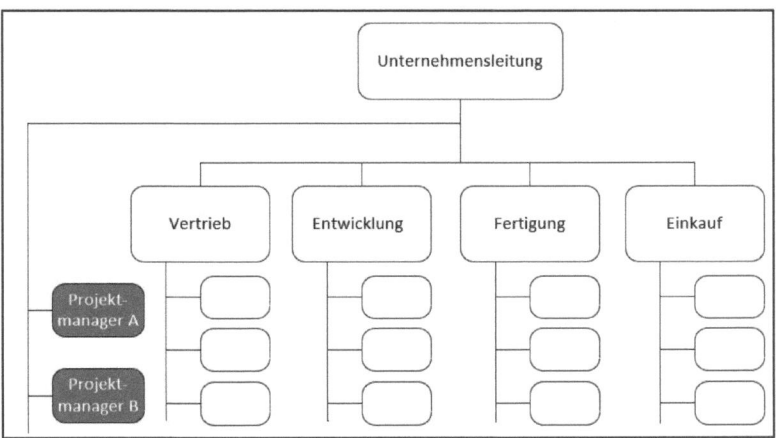

Abb. 21: Matrix-Projektorganisation

Autonome (Reine) Projektorganisation

Die autonome Projektorganisation wird auch **reine Projektorganisation** genannt. In dieser Organisationsform sind alle an der Durchführung beteiligten Mitarbeiter unter einem Projektmanager zusammengefasst. Das Projekt stellt eine eigene Linie dar, mit dem Projektmanager als Vorgesetzter. Die autonome Projektorganisation ist ideal für **große Projekte** mit **langer Laufzeit**, wie z. B. Bauprojekte oder Forschungs- und Entwicklungsprojekte mit Geheimhaltung.

Vorteile

- Eindeutige Verantwortlichkeiten
- Kaum Konfliktpotenzial mit der Linie
- Hohe Identifikation der Mitarbeiter mit dem Projekt
- Einfache Kommunikationswege

Nachteile

- Kostenintensiv
- Auslastungsprobleme der Projektteammitglieder
- Know-how-Abfluss aus der Linie
- Konfliktpotenzial bei Rückführung der Mitarbeiter nach Projektende

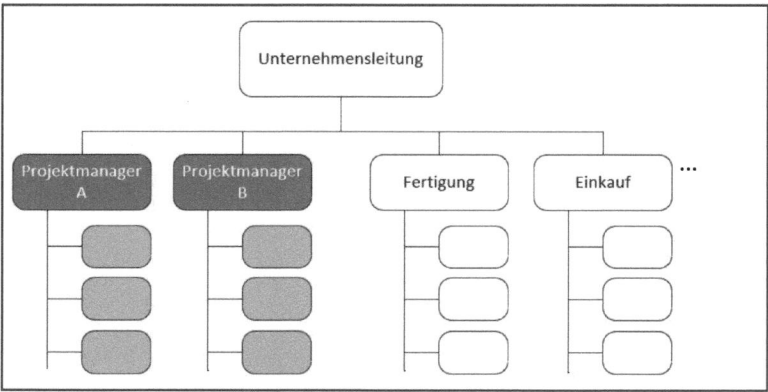

Abb. 22: Autonome (Reine) Projektorganisation

Zusammenfassung

Fassen wir die Unterschiede noch einmal tabellarisch zusammen. Hierbei wollen wir unser Hauptaugenmerk auf die Befugnisse des Projektmanagers und die organisatorische Zuordnung der Projektmitarbeiter legen:

Projekt-organisation	Befugnisse des Projektmanagers	Organisatorische Zuordnung der Projektmitarbeiter
Stabs-	Nur Koordinator	Verbleiben in der Linie
Matrix-	Fachlicher Vorgesetzter	Verbleiben disziplinarisch in der Linie
Autonome	Fachlicher und disziplinarischer Vorgesetzter	Wechseln ins Projekt

Abb. 23: Vergleich Projektorganisationen

3.5.2 Projektmanagement-Office (PMO)

Das Projektmanagement-Office (**Projektmanagementbüro**) ist projektübergreifend tätig und hat keine administrativen Aufgaben in den einzelnen Projekten. Es dient der Unterstützung der Weiterentwicklung des Projektmanagements. (Timinger, 2017)

Für die Aufgaben des PMO gibt es keine offizielle Definition, sie variieren stark je nach Unternehmen:

- Berichtet an die Geschäftsführung bzw. dem Portfolio-Manager
- Definition von Vorgaben für das Projektmanagement
- Weiterentwicklung und Vereinheitlichung von Prozessen, Techniken und Arbeitsmitteln im Projektmanagement   !
- Projektcontrolling
- Bereitstellung von Checklisten und Formblättern für Projekte (z.B. Projektsteckbrief)
- Auswahl und Bereitstellung von Software für Projekte
- Training und Coaching von Projektleitern

3.5.3 Rollen im Projekt

Eine Rolle im Projekt ist eine **Position**, die mit einer bestimmten **Verantwortung** und **Befugnis** verbunden ist.   !

Was kann man sich unter einer Rolle im Projekt vorstellen bzw. was sind typische Rollen im Projekt? Die Liste ist lang. Hier ein paar:

- Auftraggeber
- Lenkungsausschuss
- Projektmanager
- Projektmitarbeiter
- Lieferanten
- Projektbetroffene
- ...

Als Nächstes müssen wir uns in diesem Zusammenhang die Begriffe Verantwortung, Befugnis und Kompetenz näher anschauen.

Verantwortung ist die Summe aller Verpflichtungen, die mit einer bestimmten Aufgabe verbunden sind.

Befugnis ist die Berechtigung, bestimmte Entscheidungen zu treffen und bestimmte Handlungen durchzuführen.

Kompetenz ist zum einen als **Synonym** der **Befugnis** zu verstehen und zum anderen ist es die Fähigkeit, Wissen und Fertigkeiten situativ richtig einzusetzen. In den folgenden Betrachtungen ist Kompetenz mit Befugnis gleichzusetzen!

AKV-Matrix

Um Aufgaben, Kompetenz und Verantwortung für jede Rolle zu beschreiben und übersichtlich darzustellen, wird die **AKV-Matrix** verwendet.

Rolle	Aufgabe	Kompetenz (Befugnis)	Verantwortung
Arbeitspaket-verantwortlicher	Bearbeitung der zugewiesenen Arbeitspakete	Fachliche Entscheidungen im Rahmen des zugewiesenen Arbeitspakets	Termingerechte Bearbeitung des Arbeitspakets; Kommunikation des Arbeitsfortschritts an den Projektmanager
Projektmanager	Planung und Steuerung des Projekts; Führung des Projektteams	Fachliche Führung des Projektteams	Realisierung des Projekts unter Einhaltung des Budgets und Zeitrahmens; Berichtpflicht an die Geschäftsführung
Lenkungsaus-schuss	...	...	...
...	...	...	...

Abb. 24: AKV-Matrix (Beispiel)

Bei der Beschreibung der Rollen ist es wichtig, das **Kongruenzprinzip** zu beachten. Dieses verlangt die **Übereinstimmung** zwischen Aufgabe, Kompetenz und Verantwortung. Mit anderen Worten: wer eine Aufgabe und somit die Verantwortung erhält, dem muss auch die notwendige Kompetenz eingeräumt werden, diese Aufgabe zu lösen.

Daraus ergibt sich die einzuhaltende Reihenfolge:

Können – Wollen – Dürfen – Müssen   !

Bedeutet:

- Ich muss fähig bzw. befähigt sein, die Aufgabe lösen zu können: ausreichendes Wissen, umfassende Informationen, benötigte Werkzeuge...
- Ich muss die Aufgabe lösen wollen: nicht gegen meinen Willen.
- Ich muss die Aufgabe lösen dürfen: entsprechende Kompetenz (Befugnisse) sind übertragen.
- Ich habe die Aufgabe zu lösen: stehe in der Pflicht bzw. habe die Verantwortung.

RACI-Matrix

Eine weitere Methode, die Rollen zu unterscheiden, ist **RACI** und wird ebenso in einer Matrix dargestellt:

- **R**esponsible: zuständig für die Ausführung
- **A**ccountable: verantwortlicher Entscheider bzw. rechtlich verantwortlich
- **C**onsulted: beratend Hinzugezogener
- **I**nformed: Person, die nur informiert wird

	Rolle 1	Rolle 2	Rolle 3	Rolle 3	...
Aufgabe 1	I	C	R	A/R	
Aufgabe 2	A		R	I	
Aufgabe 3	A/R	I	C	C	
Aufgabe 4		R	A		
...					

Abb. 25: RACI-Matrix (Beispiel)

Lenkungsausschuss

Kümmern wir uns abschließend zum Thema Rollen kurz um den Lenkungsausschuss. Was ist das eigentlich und was sind seine Aufgaben? Der Lenkungsausschuss ist das übergeordnete Entscheidungsgremium für ein einzelnes Projekt oder eine Gruppe von Projekten oder Programmen. Seine Aufgaben sind:

- Abstimmung der Projektziele mit dem Unternehmensziel
- Verfolgung des Projektfortschritts
- Abnahme der Meilensteine und Projektergebnisse
- Eskalationsinstanz
- Evtl. Entscheidung über Änderungsanträge

3.5.4 Berichterstattung

Bei den **Berichtsarten** wird zwischen den **zeitgesteuerten** (z. B. Statusbericht) und **ereignisgesteuerten** (Phasenabschlussbericht, Eskalationsbericht) Berichten unterschieden.
Eine weitere Unterteilung ist in Standard-, Abweichungs- oder Sonderbericht.

Um sicherzustellen, dass alle Berichte erstellt und an entsprechende Empfänger zugestellt werden, kann eine **Berichtsbedarfsmatrix (Informationsbedarfsmatrix)** aufgestellt werden. Diese sieht der Kommunikationsmatrix ähnlich (vgl. Kapitel 3.10.6). Der Unterschied zwischen beiden liegt in der Perspektive: bei der Berichtsbedarfsmatrix steht der Bericht im Fokus und in der Kommunikationsmatrix der Sender.

Bericht	Sender	Empfänger	Zeitpunkt/ Frequenz	Form
Statusbericht	Projektmanager	Lenkungsausschuss, Projektteam	Mo. alle 4 Wochen	PDF per E-Mail
Arbeitspaketbericht	AP-Verantwortlicher	Projektmanager	jeden Fr.	PDF per E-Mail
...				

Abb. 26: Berichtsbedarfsmatrix (Beispiel)

3.5.5 Dokumentenmanagement

Die Erstellung von Berichten ist eng mit dem Dokumentenmanagement verknüpft.

Ein **Dokumentenmanagement** dient zur Verwaltung von Dokumenten. Es wird oftmals über ein datenbankgestütztes elektronisches System realisiert, dem sogenannten DMS (Dokumentenmanagement-System).
Unter **Dokument** versteht man **alle** Informationen, die in Form von Texten, Abbildungen, Video- oder Tonaufnahmen in abgeschlossener Form zusammengefasst werden.
Die **Dokumentation** hingegen ist der komplette Lebenszyklus von Dokumenten.

Doch welche **Vorteile** hat ein Datenmanagementsystem? Zu nennen wären hier:

- **Wiederauffindbarkeit** der Dokumente
- **Schneller Zugriff** auf die Dokumente
- **Nachvollziehbarkeit** von Entscheidungen, Handlungen usw.
- **Transparenz**   !
- **Reproduzierbarkeit** – Dokumentierte Inhalte können erneut abgerufen werden
- Nutzung der Dokumente für Lessons Learned
- Dokumente als **Nachweis** bzw. Beweismittel
- …

3.5.6 Projektmanagement-Handbuch

In Bezug auf das Projektmanagement ist das **Projektmanagement-Handbuch** ein sehr wichtiges Dokument. Es enthält unternehmens-   !
spezifische Projektmanagementstandards, wie z. B.:

- Begriffsdefinitionen
- Vorgehensmodelle
- Prozesse
- Formulare/ Checklisten
- Vorgaben für Informations-, Dokumentationswesen, Risikoanalyse, Projektcontrolling, Qualitätsmanagement, Konfigurations- und Änderungsmanagement usw.

Das Projektmanagement-Handbuch ist nicht zu verwechseln mit dem **Projekthandbuch**. Das Projekthandbuch enthält alle zu einem Projekt gehörenden Dokumente und orientiert sich am Projektmanagement-Handbuch und dem hierdurch vorgegebenen Rahmen.

3.5.7 Projektmarketing

Kommen wir zum letzten Punkt dieses Kompetenzelements, dem **Projektmarketing,** für der **Projektleiter verantwortlich** sind (nicht die Teammitglieder). Hierfür merken wir uns folgende Ziele:

- Sicherstellung des Projekterfolgs
- Steigerung der Kundenzufriedenheit
- Steigerung der Zufriedenheit der Projektmitarbeiter
- Positive Beeinflussung des Projektumfelds
- „Wir-Gefühl"

Zielgruppen des Projektmarketings sind alle externen und internen Stakeholder. Das sind unter anderem der Auftraggeber (der Kunde), das Management und das Projektteam.

3.6   Kosten und Finanzierung

3.6.1   Kostenplanung

Projektkostenplanung (DIN69903)
Ermittlung und Zuordnung der voraussichtlich für das Projekt anfallen-
den Kosten zu Vorgängen, Arbeitspaketen und Projekten unter Beachtung der vorgegebenen Ziele und Randbedingungen

Die **Projektkostenplanung** stellt grundsätzlich eine Sicherung der
Wirtschaftlichkeit durch Bereitstellung von Daten für die laufende
Projektkontrolle (Festlegung der Soll-Kosten) dar. Sie ist zudem bei
Kundenprojekten die Basis für die Preisgestaltung und Basis für die
Finanzplanung.

Es werden folgende **Kostenarten** unterschieden:

*   Personalkosten
*   Sach- und Dienstleistungskosten
*   Materialkosten
*   Kapitalkosten
*   Kalkulatorische Kosten

3.6.2   Wichtige Begriffe

Kümmern wir uns noch um ein paar weitere Kostenbegriffe, die wichtig sind.

Kostenartenrechnung:

*   Welche Kosten sind in welcher Höhe angefallen? (Material-
    kosten, Personalkosten...)
*   Zeitraum bezogen

Kostenstellenrechnung:

*   Wo sind die Kosten angefallen? → Z. B. Vertriebsabteilung
*   Wer hat die Kosten zu verantworten?
*   Verursachungsgerechte Verteilung von Gemeinkosten

Kostenträgerrechnung:

- Wofür sind die Kosten angefallen? → Z. B. Für unser Projekt
- Ermittlung der Kosten pro Leistungseinheit
- Wird auch als Kalkulation bezeichnet

Projekteinzelkosten:
- Kosten, die dem Projekt direkt zugerechnet werden können.

Projektgemeinkosten:
- Kosten, die dem Projekt nicht direkt zugerechnet werden können (z. B. Energiekosten).
- Werden von den Kostenstellen in der Organisation geplant und erfasst, an denen sie anfallen.
- Möglichst verursachergerechte Verteilung auf die einzelnen Kostenstellen.
- Berechnung der Verrechnungssätze und Verteilung der Kosten erfolgen im Betriebsabrechnungsbogen.

3.6.3 Vorgehen bei der Kostenplanung

Die Kostenplanung kann entweder im Bottom-Up-Verfahren oder im Top-Down-Verfahren durchgeführt werden.

Im **Top-Down-Verfahren** geht man vom Allgemeinen zum Konkreten vor; man verfeinert immer weiter. Das **Gesamtbudget** wird auf die einzelnen Arbeitspakete heruntergebrochen.

Beim **Bottom-Up-Verfahren** geht man den umgekehrten Weg, vom Speziellen zum Ganzen. Ausgehend von den Aufwandschätzungen der einzelnen Arbeitspakete ergibt sich das Gesamtbudget durch Addition der so ermittelten Kosten über alle Arbeitspakete.

Schauen wir es uns etwas ausführlicher an:
- Vorbereitende Planungen:
  - Aus dem PSP werden die Arbeitspakete übernommen.
  - Durch den Ablauf- und Terminplan ergibt sich die inhaltliche Abfolge der Bearbeitung der Arbeitspakete/Vorgänge und die Terminierung der Vorgänge.
  - Im Ressourcenplan werden die benötigten Ressourcen inklusive der benötigten Mengen geplant.

- Im Kostenplan werden die Ressourcen aus dem Ressourcenplan mit Kosten bewertet. Dabei werden direkt zurechenbare variable Kosten mit den benötigten Mengen multipliziert, direkt zurechenbare fixe Kosten addiert und die Gemeinkosten werden über Verrechnungszuschläge berücksichtigt.

- Die **Gesamtkosten** ergeben sich beim Bottom-Up-Verfahren, wie gesagt, als Summe über die so ermittelten Kosten aller Arbeitspakete.

3.6.4 Kostenanfall

Wichtig ist, bei der Planung zu wissen, wann die Kosten anfallen bzw. wie sie verteilt werden. Es wird unterschieden:

Gleichverteilt:
Die Kosten fallen gleichmäßig über die gesamte Dauer des Vorgangs an: z. B. Personalkosten von 15.000 € über die gesamte Vorgangsdauer von 3 Monaten. Das bedeutet 5.000 € Kosten pro Monat.

Endverteilt:
Die gesamten Kosten fallen zum Ende der Gesamtdauer des Vorgangs an: z. B. Dienstleistungsrechnung über 9.000 € am Ende des Vorgangs, der 2 Monate dauert.

!

Anfangsverteilt:
Die gesamten Kosten fallen zu Beginn des Vorgangs an: z. B. Einkauf von Material für 25.000 €, das die nächsten 5 Monate verarbeitet wird.

3.6.5 Kostenganglinie

Den Kostengang erhält man durch das Auftragen des benötigten Kapitals pro Zeiteinheit t (z. B. pro Monat).

!

Die **Kostenganglinie** zeigt den zeitlichen Kostenverlauf im Projekt. Sie wird durch den oberen Rand ("Hüllkurve") des Kostengangs gebildet.

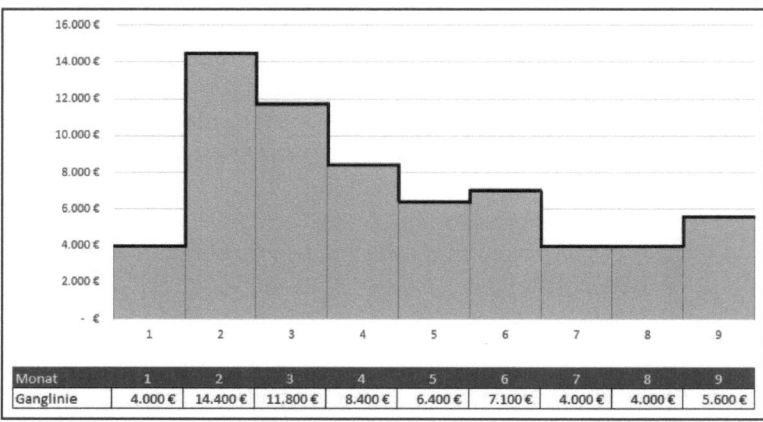

Monat	1	2	3	4	5	6	7	8	9
Ganglinie	4.000 €	14.400 €	11.800 €	8.400 €	6.400 €	7.100 €	4.000 €	4.000 €	5.600 €

Abb. 27: Kostenganglinie

3.6.6 Kostensummenlinie

Die **Kostensummenlinie** ist eine Visualisierung der kumulierten Kosten eines Projekts im Zeitverlauf. Sie entsteht aus der Aufsummierung der Werte des Kostengangs der jeweiligen Zeitpunkte t im Zeitstrahl. Am Ende der Kostensummenlinie sind die geplanten Gesamtkosten abzulesen. Ein Punkt auf der Kostensummenlinie zum Zeitpunkt gibt an, wie hoch die kumulierten geplanten Kosten bis zu diesem Stichtag sind.

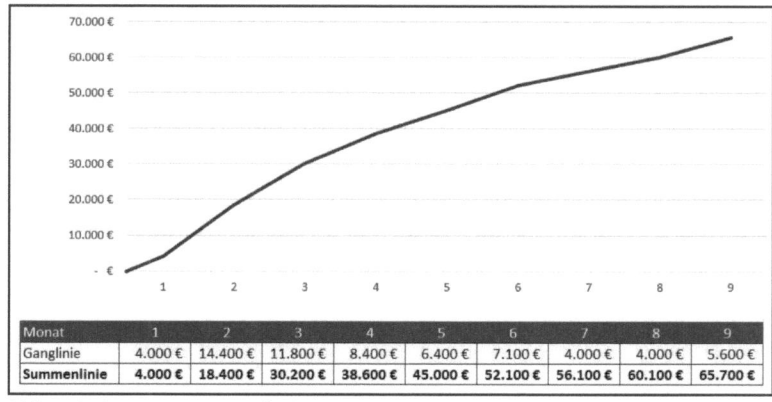

Monat	1	2	3	4	5	6	7	8	9
Ganglinie	4.000 €	14.400 €	11.800 €	8.400 €	6.400 €	7.100 €	4.000 €	4.000 €	5.600 €
Summenlinie	4.000 €	18.400 €	30.200 €	38.600 €	45.000 €	52.100 €	56.100 €	60.100 €	65.700 €

Abb. 28: Kostensummenlinie

3.7 Ressourcen

Die gängigsten **Ressourcen** fallen jedem sofort ein: **Menschen, Zeit, Finanzmittel (Kosten), Material** usw. Diese Ressourcen müssen entsprechen gemanagt werden.

!

3.7.1 Ressourcenmanagement

Nach DIN 69901-5 wird beim **Ressourcenmanagement** die Anzahl oder Menge der Ressourcen einer bestimmten **Ressourcenart**, die zu einem **bestimmten Zeitpunkt** oder innerhalb eines Zeitraums **erforderlich** sind, **ermittelt**.

Um die notwendigen Ressourcen (Menge und Dauer) über die Zeit darzustellen, wird ein **Ressourcenbedarfsplan** erstellt. So wie es bei der Kostenplanung die Kostenganglinie gibt, ergibt sich bei der Ressourcenbedarfsplanung eine **Ressourcenganglinie**.

!

3.7.2 Unterteilung der Ressourcen

Es gibt unterschiedliche Möglichkeiten, Ressourcen zu unterteilen.

Ressourcenart:
- Personal
- Sachmittel: z. B. Gebrauchsgüter, Verbrauchsgüter, Infrastruktur
- Kapital: z. B. Bürgschaften, Kredite, Rücklagen

!

Nutzungsart:
- Verbrauchsmittel: z. B. Material, Energie, Finanzmittel
- Gebrauchsmittel: z. B. Personen, Betriebsmittel, Räume, Software

Gegenständlichkeit:
- Materielle Ressourcen: z. B. Maschinen, Material, Computer, Büromöbel
- Immaterielle Ressourcen: z. B. Rechte, Patente, Lizenzen

3.8 Planung und Steuerung

Das Kompetenzelement Planung und Steuerung umfasst insgesamt vier Aufgabenbereiche:

- Das Projekt bzw. die Projektphasen zu starten.
- Einen gesamtheitlichen Projektmanagement-Plan zu erstellen.
- Die Ausführung zu überwachen und steuern.
- Das Projekt bzw. die Projektphasen abzuschließen.

3.8.1 Projekt starten

Projekt-Start-Workshop

In diesem Workshop kommt das Projektteam erstmals zusammen, um sich mit dem Projektgegenstand zu befassen. In ihm werden i.d.R. die Projektziele, die Projektorganisation, Verfahrensweisen usw. erarbeitet.

Eine mögliche **Agenda** für einen **Start-Workshop** wäre:
- Begrüßung
- Vorstellung der Teilnehmer
- Ziele der Veranstaltung
- Abfrage der Erwartungen der Teilnehmer
- Vorstellung des Projekts
    - Aktueller Status und Zahlen, Daten, Fakten zum Projekt
    - Projektziele
    - Erfolgsfaktoren und Erfolgskriterien
    - Stakeholder
    - Chancen und Risiken
- Vorgaben für das Projektmanagement
- Rollenklärung
- Kennenlernen des Teams
- Festlegen von Regeln für die Zusammenarbeit
- Erste Inhalte des Projektmanagementplans erarbeiten
- Festlegung der weiteren Schritte

Kick-Off-Meeting

Der **Startschuss** für das Projekt fällt anschließend mit dem **Kick-Off-Meeting**. Hier werden die **Projektziele** und das Projekt-Regelwerk offizielle **in Kraft** gesetzt.
Teilnehmer sind: Projektleiter, Lenkungsausschuss, Projektkernteam und der Auftraggeber.

3.8.2 Projekt-Planung

Über Planung haben wir inzwischen schon in den anderen Kompetenzelementen ausreichend viel gelernt: Projektplan, Kostenplan, Ressourcenplan, Ablaufplan usw.

3.8.3 Projekt-Controlling

Ziel des Projektcontrollings ist das frühzeitige Erkennen von Abweichungen zwischen dem Plan und der Realität, sodass Gegenmaßnahmen eingeleitet werden können. Es soll mittels einer Fortschrittsmessung der Projekterfolg absichert werden.
Hierzu wird zu Projektbeginn die Art und Weise des Projektcontrollings festgelegt und fortan wird für die Faktoren Kosten, Termine und Leistung ein **Soll-Ist-Abgleich** getätigt.

Die **Ermittlung** des **Projektstatus** kann mit verschieden Kontrollmaßnahmen durchgeführt werden:

- Statusabfragen
- Jour fixe
- Regelkommunikation
- Reviews
- Abnahmen

Hierzu müssen die verwendeten Daten aktuell, korrekt, konsistent, vollständig, transparent, nachvollziehbar, reproduzierbar und redundanzfrei sein.

Darüber hinaus müssen Kriterien festgelegt sein, die erfüllt sein müssen, damit eine Aufgabe als erledigt gewertet werden kann (**Definition of Done**).

Es treten jedoch immer wieder Probleme bei der Fortschrittsmessung auf. Die häufigsten sind dabei:

- Zeitverzögerte Datenerfassung (z. B. Rechnungen).
- Falsche bzw. unvollständige Rückmeldungen zu Terminen, zum Fertigstellungsgrad usw.
- Fehlende Mengenmaßstäbe wegen Einmaligkeit des Projekts.
- Abweichungen von den Planungen.

Fertigstellungsgrad

Der **Fertigstellungsgrad** dient zur kontinuierlichen **Überwachung** des **Projekterfolgs**.

Beginnen wir zunächst mit einigen Begriffsdefinitionen bzw. Abkürzungen:

- **PGK**: Plan-Gesamtkosten

- **PK**: Plankosten
  Geplante Gesamtkosten an einem Stichtag.

- **IK**: Ist-Kosten
  Tatsächlich angefallene Kosten bis zum Stichtag.

- **FGR**: Fertigstellungsgrad
  Verhältnis der fertiggestellten Leistung zur Gesamtleistung an einem Stichtag.

- **FW**: Fertigstellungswert
  $FW = PGK \cdot FGR$
  Plan-Kosten, die dem Fertigstellungsgrad entsprechen.

- **EGK**: Erwartete Gesamtkosten
  Prognostizierte Gesamtkosten bei geplanter Fertigstellung

Um den **Fertigstellungsgrad** zu ermitteln, gibt es verschiedene Methoden: !

Schätzen:

- Schätzung durch den Arbeitspaketverantwortlichen

Messen:

- Mengenproportionalität
- Zeitproportionalität
- Sekundärproportionalität

Prozess-Start-/Prozess-Ende-Methode:

- **0/100 Methode**: Vor und nach dem Start eines APs gilt: FGR = 0% und PK = 0; erst wenn das AP abgeschlossen ist, gilt FGR = 100% und PK = PGK.
- **50/50 Methode** (auch 0/50/100-Methode): Vor dem Start: FRG = 0% und PK = 0; ab Start gilt: FGR = 50% und PK = 0,5 · PGK; bei Abschluss des APs FGR = 100%, sowie PK = PGK.

Statusschrittmethode (gewichtete Meilensteintechnik):

- Orientierung an vorab definierten (Mikro-)Meilensteinen. Jedem Meilenstein werden durch Aufwandschätzung ein Fertigstellungsrad FGR und die geplanten Kosten PK zugeordnet. Der Fertigstellungsgrad wird dann in Abhängigkeit vom erreichten Meilenstein ermittelt. (Diese Meilensteine haben nichts mit den Meilensteinen des Phasen- und Meilensteinplans zu tun!)

Die Methoden durch Messung möchte ich etwas detaillierter anschauen:

Mengenproportionalität: !
Der Fortschritt zum Zeitpunkt X errechnet sich aus erreichter/verbrauchter Menge zum Zeitpunkt X dividiert durch die geplanter Gesamtmenge.

Bsp.: Für eine Mauer werden 150 Steine benötigt; 93 bisher wurden verarbeitet: FGR = 62%.

Zeitproportionalität: !
Der Fortschritt errechnet sich aus bisher abgelaufener Zeit dividiert durch die insgesamt geplante Zeit.

Bsp.: Für den Bau der Mauer wurden 3 Stunden veranschlagt; 2,5 Stunden sind um: FGR = 83%.

Sekundärproportionalität:

Die Berechnung erfolgt analog zur mengen- und zeitproportionalen Betrachtung. Allerdings wird statt der Menge bzw. der Zeit eine Sekundärgröße hinzugezogen.

Bsp.: Der Fortschritt bei der Besteigung eines 15-stöckigen Hochhauses soll über Treppen gemessen werden. Anstatt der Anzahl der Stufen (mengenproportional) wird die Anzahl der bisher zurückgelegten Stockwerke (Sekundärgröße) im Verhältnis zur Gesamtzahl der Stockwerke gemessen.

!

90%-Syndrom

Das 90%-Syndrom ist ein in der Praxis häufig anzutreffendes Phänomen, dass der Projektfortschritt (sehr schnell) auf 90% geschätzt wird, obwohl er deutlich niedriger liegt (mögliche Ursache: das Pareto-Prinzip → 80% des Ergebnisses durch 20% des Aufwands)

Eine mögliche Maßnahme gegen dieses Phänomen ist der Einsatz einer objektiven Methode der Fortschrittsmessung, wie z.B. der mengenproportionalen Messung, der 0/100-Methode (bei kurzen Vorgängen) oder der Statusschrittmethode. Diese Methoden sind unabhängig von subjektiven Schätzwerten der Beteiligten.

Eine weitere Maßnahme besteht darin, neben dem Fortschritt zusätzlich die noch benötigte Zeit bis zum Abschluss des Arbeitspakets (Restaufwand) als Kontrollgröße abzufragen.

!

Statusbericht

Der Statusbericht ist ein **zeitgesteuerter** Bericht. D. h., er wird nach einem festgelegten Zeitplan erstellt (z. B. jeden zweiten Freitag).

Ein Statusbericht ist ein **formeller** Bericht. Der Inhalt wird individuell in jeder Organisation vorgegeben und ist nicht genormt. Er enthält Informationen wie z. B. Name des Projekts und des Projektleiters, Datum des Berichts, den Projektfortschritt (beispielsweise in Form einer Ampel), Status Leistung/Zeit/Budget, Risiken und weiteren Angaben über die nächsten Arbeitsschritte.

Methoden zur Analyse

Hier, in aller Kürze, zwei Analyse-Methoden:
(projektmagazin, 2021)

Earned-Value-Analyse

Die Earned-Value-Analyse (EVA) ist eine Controlling-Methode, bei der mithilfe von Plan- und Ist-Daten Kennzahlen berechnet werden, die den Projektfortschritt hinsichtlich Kosten, Zeit und Leistungsumfang bewerten. Darüber hinaus liefert die EVA Prognosen für das voraussichtliche Projektende und die voraussichtlichen Projektkosten. Wichtigste Berechnungsgrundlage der Kennzahlen ist der sog. Earned Value (Fertigstellungswert), der aus der Summe der geplanten Aufwände für den zu einem bestimmten Stichtag erbrachten Leistungsumfang ermittelt wird.

!

Meilensteintrendanalyse

Die Meilensteintrendanalyse (MTA) ist eine einfache Methode zur Überwachung der Termintreue für Projekte aller Größen. Zu den vorab definierten Berichtszeitpunkten werden von den Meilensteinverantwortlichen die voraussichtlichen Termine abgefragt, an denen ihr Meilenstein erreicht werden kann. Diese Datumsangaben werden in einem Diagramm gegen die Berichtszeitachse aufgetragen. Aus dem Verlauf der Prognoselinien können Rückschlüsse auf die aktuelle und künftige Termintreue des Projekts gezogen werden.

3.8.4 Konfigurationsmanagement

Das Konfigurationsmanagement hat zwei Aufgaben:
(Kummerhof, 2020)

- **Sicherstellen**, dass **Umfang** und **Inhalt** des **Leistungsumfangs** und der Lieferobjekte mit den **abgestimmten Anforderungen** des Auftraggebers bzw. der Stakeholder **übereinstimmen**.

!

- **Sicherstellen**, dass alle **Projektbeteiligte** zu jeder Zeit mit der **gleichen Version** des **Plans** des Lieferobjekts und des jeweiligen Leistungsumfangs **arbeiten**.

3.8.5 Änderungsmanagement

In jedem Projekt treten Änderungen auf, die gemanagt werden müssen.

> **Änderung (DIN69901-5)**
> Durch Änderungsantrag begründete, durch Änderungsentscheidung in Kraft gesetzte und durch Änderungsmitteilung als vollzogen bestätigte Abweichung von bis dahin gültige Dokumente.

Da **Änderungen** unvermeidlich sind, ist **vorher** darüber **abzustimmen**, wie man **damit umgeht.** Die Gründe für Änderungen können vielfältig sein:

- Geänderte Kundenanforderungen
- Geänderte Rahmenbedingungen
- Neue Erkenntnisse
- Falsche/ unvollständige Informationen über Ausgangslage
- Umsetzungsprobleme
    - Verzögerungen
    - Budgetüberschreitungen
    - Technische Probleme

Vor allem **Anforderungsänderungen** haben i. d. R. gravierende **Auswirkungen**, wie z. B.:
- Höhere Kosten durch zusätzlichen Aufwand
- Zeitverzug
- Überarbeitung von Plänen durch inhaltliche Änderungen
- Nachforderungen bzw. neue Vertragsverhandlungen aufgrund der neuen Anforderungen
- Neue Risiken
- Veränderter Ressourcenbedarf
- Neuer Ressourcenbedarf, z. B. ein Spezialist
- Gegebenenfalls Projektunterbrechung, weil die neuen Anforderungen zunächst analysiert und bewertet werden müssen

Jedoch gehört nicht jede Änderung automatisch zum Änderungsmanagement. **Änderungen** von operativen Aufgaben oder Vorgehensweisen, sowie beim **eingesetzten Personal** gehören **nicht** dazu.

3.8.6 Nachforderungsmanagement

Das **Nachforderungsmanagement** oder auch **Claim Management** sind die Folge einer **Abweichung** von ursprünglichen **Planvorgaben**. Dieses könnte z. B. auftreten, wenn zusätzliche Leistungen erbracht werden müssen oder Leistungen entfallen und diese Abweichungen wirtschaftliche Auswirkungen haben.
Ziel ist es, **Ansprüche** zu **ermitteln**, diese **durchzusetzen** oder Ansprüche der Gegenseite **abzuwehren**.

3.8.7 Abnahme

Abnahme (DIN69901-5)
Unternehmerische Entscheidung des Auftraggebers, dass ein Ergebnis oder Teilergebnis den Vereinbarungen und Erwartungen entspricht.

Das Abnahmeverfahren und die Abnahmekriterien sollten bereits bei Projektstart definiert sein. Eine normale Vorgehensweise der Abnahme ist, dass der Projektleiter formal das Produkt an den Auftraggeber übergibt und dieser die Erreichung der vereinbarten Ziele anhand der Abnahmekriterien überprüft. Hierüber wird ein Abnahmeprotokoll geschrieben.

Eine Abnahme hat rechtliche Folgen:
* Gefahren- und Haftungsübergang auf den Auftraggeber
* Beginn von gesetzlichen Gewährleistungsfristen
* Fälligkeit der Zahlung
* Beweislast für Mängel geht vom Auftragnehmer auf den Auftraggeber über

3.8.8 Lessons Learned

Nach einer Projektphase und nach Projektende sollte eine **Lessons Learned** Sitzung abgehalten werde (auch Projektlernen genannt). Hierbei werden die Erfahrungen aus einem Projekt gesammelt und aufbereitet und können somit für den weiteren Projektverlauf und zukünftige Projekte genutzt werden.
Ziel dabei ist es, die **Wiederholung** von **Fehlern** zu **vermeiden** und gewonnene **Erkenntnisse** zu **nutzen**. Dieses können z.B. überarbeitete Checklisten oder Erfahrungen bei der Aufwandschätzung sein.

Techniken und Instrumente: (Kummerhof, 2020)

- Checklisten
- Mitarbeiterbefragungen
- Kundenbefragungen
- Kostenanalysen
- Nachkalkulationen
- Kostenanalysen

Ebenen des Projektlernens: (Kummerhof, 2020)

- Sachebene (z.B. Nachkalkulation)
- Beziehungsebene (z.B. Feedbackgespräche)
- prozessbasiert (z.B. Stakeholder-Befragungen)
- dokumentenbasiert (z.B. Checklisten)

3.8.9 Projektabschluss-Meeting

Als letzten Schritt eines Projekts wird ein **Projektabschluss-Meeting** durchgeführt und ist das Pendant zum Kick-Off-Meeting. In diesem erfolgt eine Analyse und Bewertung des Projekts: sind die gesetzten **Ziele erreicht** worden? Darüber hinaus gilt es, die Erfahrungen aus dem Projekt zu sichern und offene Aufgaben an Verantwortliche zu übergeben. Auch eine Wertschätzung der Unternehmensleitung für die getätigte Projektarbeit gehört mit dazu (auch wenn dieses sehr häufig nicht passiert).

3.8.10 Abschlussbericht

Zu einem Abschluss eines Projekts gehört selbstverständlich auch ein entsprechender **Abschlussbericht**. In ihm werden die geplanten Ziele für Kosten, Termine und Leistung mit den tatsächlich erreichten Ergebnissen verglichen; Abweichungen werden begründet. Darüber hinaus werden die Erkenntnisse aus dem Lessons Learned zusammengefasst: Was lief gut? Was lief schlecht?

3.9 Chancen und Risiken

3.9.1 Risiko-Dimensionen

Risiken kann man nach ihren **Dimensionen** unterscheiden: !

- **eindimensionale Risiken**: sie werden auch **reine** Risiken genannt; es ist nur eine Verschlechterung möglich, z. B. Sturzgefahr.
- **zweidimensionale Risiken**: sie werden auch **spekulative** Risiken genannt; es ist sowohl eine Verschlechterung als auch eine Verbesserung möglich, z. B. Rohstoffpreise können steigen oder fallen.

3.9.2 Risiko-Arten

Hier ein paar Beispiele für mögliche **Risiko-Arten** in einem Projekt: !

- Technische Risiken
- Kaufmännische Risiken
- Marktrisiken
- Ressourcenrisiken
- Personalrisiken
- Rechtliche Risiken
- Politische Risiken

3.9.3 Risiko-Prozess

Der **Risiko-Prozess** durchläuft die üblichen Phasen: !

- Identifizieren: Checklisten, Auswertung früherer Projekte, Analyse des Projektumfelds mittels Kreativitätstechniken
- Analysieren: Identifizierung der Ursachen
- Quantitativ analysieren: Berechnung der Risikowerte
- Maßnahmen planen und umsetzen
- Controlling der Maßnahmen durchführen

3.9.4 Risiko-Tabelle

Um Risiken zu bewerten, werden zwei Faktoren berücksichtigt:

- **Eintrittswahrscheinlichkeit**
- **Schaden**:
    - Schadenshöhe oder
    - Tragweite oder
    - Auswirkung

Die ermittelten Risiken werden in einer Risikotabelle aufgeführt. In dieser wird für jedes Risiko die Eintrittswahrscheinlichkeit (EW) und die Schadenshöhe (SH) geschätzt. Das Produkt aus beiden ist der Risikowert (RW):

$$RW = EW \cdot SH$$

Außerdem werden deren Ursache und mögliche Maßnahmen aufgeführt:

Nr.	Name	Ursache	EW	SH	RW	Maßnahmen
1			20%	5.000€	1.000€	
2			5%	25.000€	1.250€	
3			30%	12.000€	3.600€	
...						

Abb. 29: Risikotabelle (Beispiel)

Alternative kann die Tabelle noch um die Kosten für die Maßnahmen, der Eintrittswahrscheinlichkeit und die Schadenshöhe **nach Umsetzung** der Maßnahme, sowie um die Entscheidung, ob die Maßnahme durchgeführt werden soll, erweitert werden.

3.9.5 Risiko-Strategien

Es gibt verschiedene Strategien, wie man auf ein Risiko reagieren kann:

- Vermeiden: Schutzzaun um Gefahrenstelle
- Vermindern/ Begrenzen: kleiner Spalt vor der Einzugsstelle
- Verlagern: Versicherung abschließen
- Akzeptieren: nichts tun

Um zu entscheiden, welche Strategie man bei welchem Risiko anwenden sollte, stellt man die Risiken (auf Basis ihrer Schadenshöhe und der Eintrittswahrscheinlichkeit) in einer **Risiko-Matrix** dar: (Kummerhof, 2020)

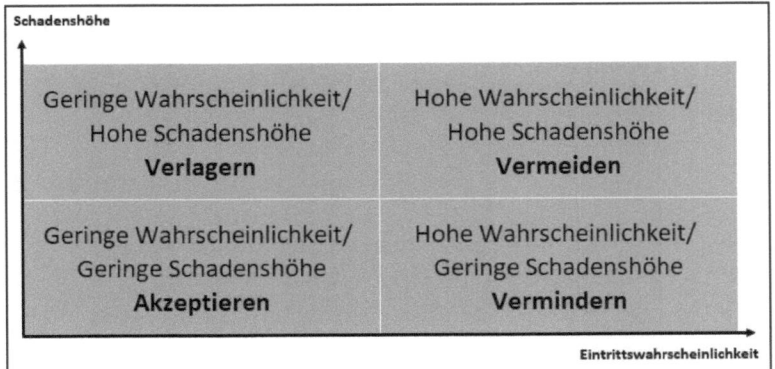

Abb. 30: Risiko-Matrix

3.9.6 Risiko-Maßnahmen

Als letzten Punkt dieser KE kurz die Unterscheidung der Maßnahmen:

- **Präventive Maßnahmen:**
  Sie sollen die Gefahr des Eintretens des Risikos vermindern, d. h. die **Eintrittswahrscheinlichkeit verringern.**

- **Korrektive Maßnahmen:**
  Sie sollen die negativen Effekte (**Schadenshöhe**/ Tragweite) bei Eintreten des Risikos **vermindern.**

3.10 Stakeholder

3.10.1 Definition

Laut DIN 69901-5 sind „Stakeholder als Projektbeteiligte die Gesamtheit aller Projektteilnehmer, -betroffenen und -interessierten, deren Interessen durch den Verlauf oder das Ergebnis des Projekts direkt oder indirekt berührt sind".

Kurzgefasst, **Stakeholder** sind:

- Projektbeteiligte
- Projektbetroffene bzw. Personen, die sich für betroffen halten
- Personen, die einen Einfluss auf das Projekt haben
- Personen, die sich für das Projekt interessieren

3.10.2 Umfeldanalyse

Jedes Projekt findet in einem **Umfeld** statt, das den Projektverlauf beeinflussen kann und darf daher nicht isoliert betrachtet werden. Eine **Projektumfeldanalyse** zeigt diese Einflussfaktoren auf das Projekt auf. Die Umfeldanalyse untersucht hierzu die **externen** und **internen Einflüsse** auf das Projekt und unterscheidet dabei jeweils zwischen **sachlichen** und **sozialen** Einflussgrößen.

Die internen und externen **sozialen Einflussgrößen** werden dann in der **Stakeholder-Analyse** genauer analysiert, während die **sachlichen** Einflussgrößen die Basis für die **Chancen- und Risikoanalyse** bilden.

Das Ergebnis der Umfeldanalyse kann in einer entsprechenden Matrix dargestellt werden:

	Intern	Extern	
Sachlich (Risiken)	Prozesse, Anweisungen	Gesetze, Normen	⇨ Chancen- und Risikoanalyse
Sozial (Stakeholder)	Betriebsrat, Mitarbeiter	Nachbarn, Kunden, Lieferanten	⇨ Stakeholder-Analyse

Abb. 31: Umfeldanalyse-Matrix (Beispiel)

Ein bewährtes Verfahren, um eine Umfeldanalyse durchzuführen, ist **PESTEL**, das aus sechs Faktoren besteht:

- **P**olitical: Politische Faktoren
- **E**conomical: Wirtschaftliche Faktoren
- **S**ocial: Sozio-kulturelle Faktoren
- **T**echnological: Technologische Faktoren
- **E**nvironmental: Ökologisch-geographische Faktoren
- **L**egal: Rechtliche Faktoren

3.10.3 Stakeholder-Prozess

Auch bei diesem Prozess gibt es wenig Unerwartetes und ähnelt dem Vorgehen bei Risiken (vgl. 3.9.3):

- Stakeholder identifizieren
- Analyse der Interessenslage und Betroffenheit
- Bewertung der Macht bzw. des Einflusses und des Konflikt-potenzials der Stakeholder
- Planung und Umsetzung von Maßnahmen
- Controlling der Maßnahmen

3.10.4 Stakeholder-Strategien

Stakeholder haben, wie gesagt, Einfluss auf das Projekt. Daher ist es wichtig, sich mit diesen Personen zu **beschäftigen** und geeignete **Strategien** und **Maßnahmen** zum **Umgang** mit ihnen zu **treffen**, um den Projekterfolg nicht zu gefährden bzw. das Unterstützungspotenzial voll auszuschöpfen. Dazu ist es notwendig, sich bewusst zu machen, ob die Stakeholder dem Projekt eher positiv oder negativ gegenüberstehen bzw. eigene Ziele verfolgt, was sich im **Konfliktpotenzial** widerspiegelt. So haben z. B. Zulieferer eigene Unternehmensziele und könnten daher ein hohes Konfliktpotential haben, auch wenn sie gegenüber dem Projekt nicht negativ eingestellt sind.

Außerdem hängt die geeignete Strategie noch davon ab, wie groß der **Einfluss** des Stakeholders auf das Projekt ist. Dieses wird durch die Analyse der Macht berücksichtigt.

Aus diesem Grund **clustert** man Stakeholder und entscheidet, wie man mit ihnen umgehen möchte:

- **Partizipativ**: Aktive Einbindung des Stakeholders als Partner inkl. das Einbinden bei Entscheidungen.

- **Diskursiv**: Sachliche und faire Auseinandersetzung mit dem Stakeholder. Umgang erfordert evtl. Konfliktmanagement.

- **Restriktiv**: Stakeholder werden bewusst nur eingeschränkt mit ausgewählten Informationen versorgt, frei nach dem Motto: So viel wie nötig, so wenig wie möglich.

- **Repressiv**: Stakeholder werden nur sehr eingeschränkt informiert. Ausübung von unserer (Information-)Macht.

Daraus ergibt sich auch hier eine Matrix:

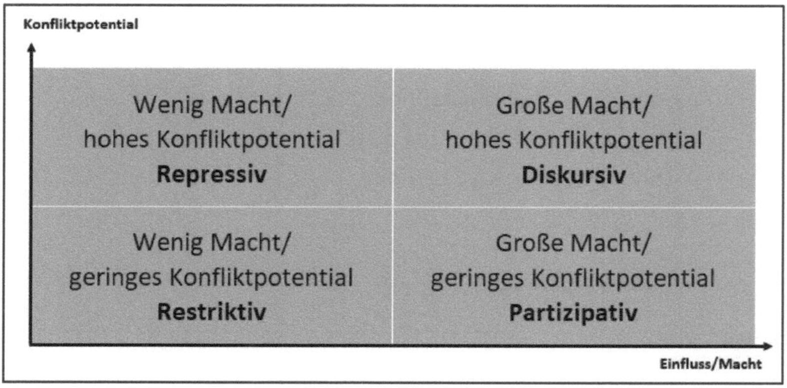

Konfliktpotential	
Wenig Macht/ hohes Konfliktpotential **Repressiv**	Große Macht/ hohes Konfliktpotential **Diskursiv**
Wenig Macht/ geringes Konfliktpotential **Restriktiv**	Große Macht/ geringes Konfliktpotential **Partizipativ**

Einfluss/Macht

Abb. 32: Stakeholder-Matrix

3.10.5 Stakeholder-Analyse-Tabelle

In der **Stakeholder-Analyse-Tabelle** werden alle Stakeholder, deren Interessen, Erwartungen (Befürchtungen), deren Einfluss (Macht), sowie deren Konfliktpotential erfasst. Ergänzt wird dieses durch eine Strategie und die erforderlichen Maßnahmen:

Nr.	Name	Interessen	Befürchtungen / Erwartungen	Einfluss / Macht	Konflikt-potential	Strategie	Maßnahmen

Abb. 33: Stakeholder-Analyse-Tabelle (Muster)

3.10.6 Kommunikationsmatrix

Als Abschluss sollten wir einen Blick auf die **Kommunikationsmatrix** werfen, da diese einen wichtigen Punkt bei der Stakeholder-Kommunikation darstellt.

Eine Kommunikationsmatrix gibt an, **wer, wem, worüber, wann, wie oft, in welcher Form und warum** eine Information zur Verfügung stellt.

Sender	Empfänger	Inhalt	Zeitpunkt/ Frequenz	Form	Zielsetzung
Wer?	Wen?	Worüber?	Wann? Wie oft?	Wie?	Warum?

Abb. 34: Kommunikationsmatrix (Muster)

Darüber hinaus kann man zusätzlich eine Stakeholder-Maßnahmen-Matrix verfassen. In dieser wird für jeden Stakeholder angegeben, wie er aktiv und passiv eingebunden wird, z. B., ob er an bestimmten Meetings teilnimmt, ob er bestimmte E-Mails erhält usw.

3.10.7 Bündnisse und Netzwerke

Als letzten Punkt dieser KE noch zwei Begriffserklärungen:

- **Netzwerke**
  Das sind **informelle** Verbindungen, die häufig über einen **längeren Zeitraum** existieren.

- **Bündnissen**
  Hierbei liegt meist eine konkrete formelle, vertragliche Regelung zugrunde. Bündnisse sind **zweckorientiert.**

4 Bearbeitung des Fallbeispiels

Kommen wir nun zum Fallbeispiel.
In jeder Prüfung wird das Wissen einzelner Punkte aus den Kompetenzelementen anhand eines Fallbeispiels abgefragt. Das bedeutet, wir beziehen uns nun immer wieder auf einzelne Kapitel der Kompetenzelemente bzw. wenden sie an.

Um Sie gut darauf vorzubereiten, möchte ich im **ersten Abschnitt** einen **Fragenkatalog** zur Verfügung stellen, anhand dessen das jeweilige Fallbeispiel bearbeitet werden kann.
Dieser Katalog ist mit 22 Fragen sehr umfangreich und in einer Prüfung kann nur eine Auswahl davon drankommen. Aber auch hier gilt: wir wissen nicht, was gefragt wird, also müssen wir alles können.
Auch wenn ich versucht habe, möglichst viele Fragen zu stellen, wird und kann dieser Fragenkatalog nicht vollständig sein. Varianten und zusätzliche Fragen sind durchaus möglich. Auch hier wäre ich über einen entsprechenden Hinweis sehr dankbar: **Buch.IPMA@gmail.com**

Im **zweiten Abschnitt** möchte ich ein **Fallbeispiel** durch**exerzieren**. Es ist ein Organisationsprojekt. Dieses kann Ihnen als Muster zur Lösung von eigenen Fallbeispielen dienen.

Im **letzten Abschnitt** möchte ich Ihnen zwei weitere **Beispielfälle** als Aufgabe geben, mit deren Hilfe Sie anhand des Fragenkatalogs die Bearbeitung üben können. Ich rate jedem, davon Gebrauch zu machen. Zeit ist ein wesentlicher Punkt bei der Prüfung. Da hilft es, wenn man schon ungefähr weiß, wie man bei einer bestimmten Fragestellung vorgehen könnte.

Hinweis zur Prüfung:
Nicht immer können alle Fragen nur anhand der gegebenen Rahmenbedingungen beantwortet werden. Wenn bestimmte Angaben in der Aufgabenstellung fehlen (z. B. wurde kein Budget genannt), können bzw. müssen eigene (sinnvolle) Annahmen getroffen werden. An die vorgegebenen Daten muss man sich jedoch immer halten.

4.1 Fragenkatalog

Die nun folgenden Fragen habe ich den entsprechenden Kompeten-zelementen zugeordnet. In der Prüfung gibt es, wie gesagt, **keinen geschlossenen Teil „Fallbeispiel"**, sondern der Fall wird anfangs prä-sentiert und es wird immer wieder darauf Bezug genommen. Die Zu-ordnung zu den einzelnen KEs kann in der Prüfung auch wechseln, da es thematische Überschneidungen der einzelnen KEs gibt. Dieses gilt übrigens auch für Fragen, die nichts mit dem Fallbeispiel zu tun ha-ben.

4.1.1 Anforderungen und Ziele

1. Formulieren Sie mindestens zwei operationalisierte Leistungs-ziele!
2. Formulieren Sie mindestens zwei operationalisierte Kostenziele!
3. Formulieren Sie mindestens zwei operationalisierte Terminziele!
4. Formulieren Sie mindestens ein operationalisiertes Sozialziel!
5. Formulieren Sie mindestens ein operationalisiertes Nichtziel!
6. Nennen Sie fünf Zielbeziehungen und finden Sie Beispiele dazu!

4.1.2 Leistungsumfang und Lieferobjekte

7. Nennen Sie fünf Punkte, die Sie in den Projektsteckbrief aufneh-men!
8. Nennen Sie fünf Punkte, die für ein Project Canvas wichtig sind!
9. Erstellen Sie einen codierten Projektstrukturplan (PSP) mit min-destens vier Teilaufgaben! Ergänzen Sie den PSP um mindestens drei Arbeitspakete je Teilaufgabe und nennen Sie die Orientie-rung des PSP!
10. Beschreiben Sie ein Arbeitspaket aus Ihrem PSP!

4.1.3 Organisation, Information und Dokumentation

11. Welche Projektorganisationsform wählen Sie für das Fallbeispiel aus?

4.1.4 Ablauf und Termine

12. Stellen Sie einen Phasenplan mit mindestens vier Phasen auf! Ergänzen Sie den Phasenplan um die mindestens erforderliche Anzahl an Meilensteinen und benennen Sie diese!

4.1.5 Stakeholder

13. Erstellen Sie eine Stakeholder-Tabelle (Stakeholder-Matrix) mit mindestens drei Stakeholdern!
14. Ergänzen Sie für jeden Stakeholder seine Erwartungen, Befürchtungen, sowie seine Macht und sein Konfliktpotenzial!
15. Ergänzen Sie für jeden Stakeholder eine geeignete Maßnahme zur Steuerung!
16. Erstellen Sie eine Umfeldanalyse!

4.1.6 Chancen und Risiken

17. Erstellen Sie für das Fallbeispiel eine Risikotabelle mit mindestens sechs Spalten zur Erfassung und Bewertung der Risiken und füllen Sie drei Zeilen mit Risiken!

4.1.7 Change und Transformation

18. Erstellen Sie eine Informationsbedarfsmatrix!
19. Erstellen Sie eine Kommunikationsmatrix!

4.1.8 Beziehung und Engagement

20. Beschreiben Sie zwei Rollen mit Aufgabe, Kompetenz und Verantwortung und die gewählte Projektorganisationsform!

4.1.9 Ressourcen

21. Nennen Sie mindestens drei benötigte Ressourcen!
22. Erstellen Sie einen Kostenplan mit drei verschiedenen Ressourcen und geben Sie die Kostenart sowie die Einheit dazu an.

Bearbeitung eines Fallbeispiels | Bearbeitung des Fallbeispiels

4.2 Bearbeitung eines Fallbeispiels

Ihre Firma mit 21 festangestellten Mitarbeitern vertreibt im Einzelhandel Fallschirme jeglicher Art für Amateure und semiprofessionelle Springer. Zum Unternehmensjubiläum möchte Ihre Chefin einen Tag der offenen Tür veranstalten und beauftragt Sie, dieses Projekt zu planen.

Vorgaben:

- *Der Tag der offenen Tür soll am 13.05. des Folgejahres auf dem Sportplatz der Gemeinde Musterstadt stattfinden, der in 2 km Entfernung vom Sportflugplatz liegt.*
- *Sie haben Projektbudget von 100.000 €*
- *Auf dem Fest soll es Essen, Getränke und Musik geben.*
- *Es sollen Tandemsprünge durchgeführt werden.*
- *Genehmigung für die Außenlandungen muss eingeholt werden.*
- *Hersteller, deren Produkte Ihre Firma verkauft, können ihre Produkte in einer Ausstellung anbieten.*
- *Ein Marktplatz für Verkauf und Austausch von Equipment soll organisiert werden.*
- *Die Geschäftsführerin geht davon aus, dass Sie die nötigen Regeln, Genehmigung und Normen kennen und beachten.*

1. *Formulieren Sie mindestens zwei operationalisierte Leistungsziele!*
   - Essens- und Getränkestände werden aufgestellt.
   - Es wird ein Partyzelt mit DJ geben.
   - Hersteller erhalten eine Plattform zur Präsentation ihrer Produkte.

2. *Formulieren Sie mindestens zwei operationalisierte Kostenziele!*
   - Das Budget von max. 100.000 € für den Tag der offenen Tür wird nicht überschritten.
   - Die Kosten für den DJ darf maximal 7.500 € betragen.

3. *Formulieren Sie mindestens zwei operationalisierte Terminziele!*
   - Der Tag der offenen Tür findet am 13.05. im nächsten Jahr statt.
   - Die Genehmigung für die Außenlandungen liegt spätestes vier Wochen vor der Veranstaltungsstart vor.

4. *Formulieren Sie mindestens ein operationalisiertes Sozialziel!*
   - Die Veranstaltung ist barrierefrei.
   - Die Projektteammitglieder beurteilen das Projekt des standardisierten Fragebogens zur Projektarbeit mindestens mit der Note „gut".

5. *Formulieren Sie mindestens ein operationalisiertes Nichtziel!*
   - Besucher können verschiedene Fallschirmtypen bei Einzelspringen testen.
   - Es gibt einen kostenlosen Shuttleservice zum Sportflugplatz.

6. *Nennen Sie fünf Zielbeziehungen und finden Sie Beispiele dazu!*
   - Zielantinomie
     - Es finden Tandemsprünge statt.
     - Die Veranstaltung findet ausschließlich Indoor statt.
   - Zielkonkurrenz
     - Budget für das Essen beträgt 7.000 €
     - Das Essen soll von einem 3-Sterne-Koch gekocht werden.
   - Zielneutralität
     - Budget Essen beträgt 7.000 €.
     - Die Veranstaltung findet am 13.05. statt.
   - Zielkomplementarität
     - Budget Essen beträgt max. 7.000 €.
     - Das Gesamtbudget beträgt 100.000 €.
   - Zielidentität
     - Die Gäste werden verköstigt.
     - Es gibt einen Essensstand.

7. *Nennen Sie fünf Punkte, die Sie in den Projektsteckbrief aufnehmen!*
8. *Nennen Sie fünf Punkte, die für ein Project Canvas wichtig sind!*

   [Für beide Fragen kann man die gleiche Antwort nutzen]
   - Projektziel: Veranstaltung „Tag der offenen Tür"
   - Projektleiter: Frank Pannwitz
   - Auftraggeber: Geschäftsleitung
   - Budget: 100.000 €
   - Projektstart: 13.05.202x

9. *Erstellen Sie einen codierten Projektstrukturplan (PSP) mit min-destens vier Teilaufgaben! Ergänzen Sie den PSP um mindestens drei Arbeitspakete je Teilaufgabe und nennen Sie die Orientie-rung des PSP!*

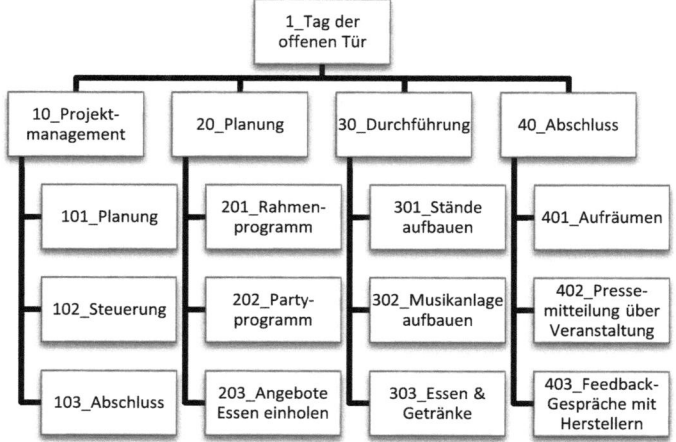

Es handelt sich um einen phasenorientierten PSP.

[Hier eine schriftliche Variante für Online-Prüfungen]

1 Veranstaltung „Tag der offenen Tür" (Wurzelelement)
1.1 Projektmanagement (Teilaufgabe)
1.1.1 Planung (Arbeitspaket)
1.1.2 Steuerung (Arbeitspaket)
1.1.3 Abschluss (Arbeitspaket)

1.2 Konzepterstellung (Teilaufgabe)
1.2.1 Konzept Rahmenprogramm erstellen (Arbeitspaket)
1.2.2 Konzept Partyprogramm erstellen (Arbeitspaket)
1.2.3 Angebote Essen einholen (Arbeitspaket)

1.3 Durchführung (Teilaufgabe)
1.3.1 Stände aufbauen (Arbeitspaket)
1.3.2 Musikanlage aufbauen (Arbeitspaket)
1.3.3 Essen und Getränke verkaufen (Arbeitspaket)

1.4 Abschluss (Teilaufgabe)
1.4.1 Aufräumen Gelände (Arbeitspaket)
1.4.2 Erstellung Pressemitteilung (Arbeitspaket)
1.4.3 Feedbackgespräch mit Herstellern (Arbeitspaket)

10. *Beschreiben Sie ein Arbeitspaket aus Ihrem PSP!*

    - Projektleiter: Frank Pannwitz
    - PSP-Code: 1.2.3
    - Arbeitspaketverantwortlicher: Martin Butterblume
    - AP-Ziel: Angebote von Essen, Fingerfood einholen
    - AP-Beschreibung: es ist von min. 3 Fingerfood-Imbissen ein Angebot einzuholen und zu bewerten.
    - Budget: 2.000 €
    - Start: 01.02.202x
    - Ende: 31.03.202x
    - Fortschrittsmessung: 0/100

11. *Welche Projektorganisationsform wählen Sie für das Fallbeispiel aus?*

    - Einfluss- bzw. Stabsorganisation, da es sich um ein Organisationsprojekt handelt.

12. *Stellen Sie einen Phasenplan mit mindestens vier Phasen auf! Ergänzen Sie den Phasenplan um die mindestens erforderliche Anzahl an Meilensteinen und benennen Sie diese!*

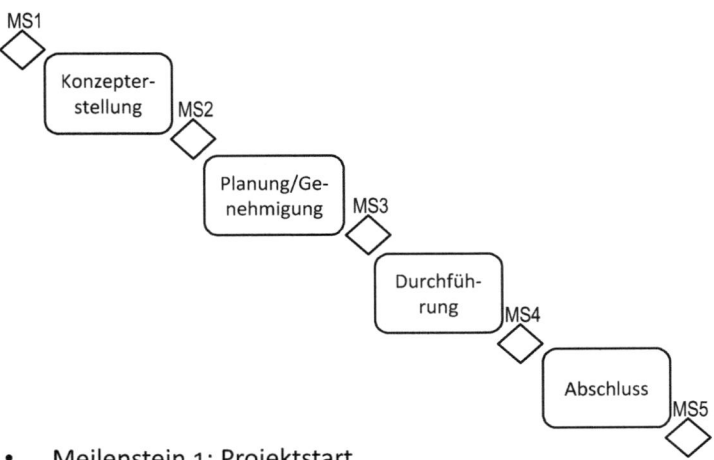

    - Meilenstein 1: Projektstart
    - Meilenstein 2: Konzept erstellt
    - Meilenstein 3: Planung und Genehmigung abgeschlossen
    - Meilenstein 4: Veranstaltung ist beendet
    - Meilenstein 5: Projektende
    -

[Auch hier eine Variante für Online-Prüfungen]

- Meilenstein 1: Projektstart
- Phase 1 Konzepterstellung
- Meilenstein 2: Konzept erstellt
- Phase 2 Planung und Genehmigung
- Meilenstein 3: Planung und Genehmigung abgeschlossen
- Phase 3: Durchführung
- Meilenstein 4: Veranstaltung ist beendet
- Phase 4: Abschluss
- Meilenstein 5: Projektende

13. *Erstellen Sie eine Stakeholder-Tabelle (Stakeholder-Matrix) mit mindestens drei Stakeholdern!*
14. Ergänzen Sie für jeden Stakeholder seine Erwartungen, Befürchtungen, sowie seine Macht und sein Konfliktpotenzial!
15. *Ergänzen Sie für jeden Stakeholder eine geeignete Maßnahme zur Steuerung!*

Stakeholder	Erwartung	Befürchtung	Einfluss/ Macht	Konfliktpotenzial	Maßnahmen
Anwohner	Nettes Fest in der Nachbarschaft	Lärm, zugeparkte Straßen	Gering	Hoch	Repressiv – nur sehr eingeschränkte und ausgewählte Infos über Veranstaltung
Geschäftsführerin	Budget wird eingehalten; erfolgreiche Veranstaltung	Budgetüberschreitung	Hoch	Gering	Partizipativ – Einbeziehung in alle Entscheidungen

Stake-holder	Erwar-tung	Befürch-tung	Einfluss/ Macht	Konflikt-poten-zial	Maßnah-men
Besu-cher	Tolles Event	Zu viele Besucher	Gering	Gering	Restriktiv – Informatio-nen über Rahmen-programm (Musik, Es-sen, Aus-stellung)

16. *Erstellen Sie eine Umfeldanalyse!*

	intern	extern
sachlich	Verkaufsstände für Markt-platz Projektmanagementhand-buch	Wetter Gesetze (Basis für Genehmi-gung der Veranstaltung) Hygieneregeln
sozial	Geschäftsführerin Projektteammitglieder Marketingleiter Sonstige Mitarbeiter	Besucher Repräsentanten der Herstel-ler DJ Caterer Pressevertreter Anwohner

[Variante für eine Online-Version]

intern/sachlich: Verkaufsstände für Marktplatz, Projektmanage-menthandbuch

intern/sozial: Geschäftsführer, Projektteammitglieder, Marke-tingleiter, Sonstige Mitarbeiter

extern/sachlich: Wetter, Gesetze (Basis für Genehmigung der Ver-anstaltung), Hygieneregeln

extern/sozial: Besucher, Repräsentanten der Hersteller, DJ, Cate-rer, Pressevertreter, Anwohner

17. Erstellen Sie für das Fallbeispiel eine Risikotabelle mit mindestens sechs Spalten zur Erfassung und Bewertung der Risiken und füllen Sie drei Zeilen mit Risiken!

Risiko	Ursachen	EW	SH	RW	Maßnahmen
Verpflegung Fingerfood fällt aus	Caterer muss Konkurs anmelden	5%	20.000€	1.000€	Vermeiden – Alternative Caterer festlegen
Zu wenig Besucher	Event nicht bekannt	25%	20.000€	5.000€	Vermindern – Plakataktion, um für den Tag der offenen Tür zu werben
Besucher verletzt sich bei Treppenaufstieg	Schlechte Beleuchtung	10%	1.000.000€	100.000€	Verlagern – Haftpflichtversicherung abschließen

EW: Eintrittswahrscheinlichkeit
SH:= Schadenshöhe
RW = EW · SH := Risikowert

18. Erstellen Sie eine Informationsbedarfsmatrix!

Bericht	Sender	Empfänger	Zeitpunkt/ Frequenz	Form
Statusbericht	Projektleiter	Geschäftsführerin	Montag; 09:00 Uhr/ wöchentlich	E-Mail
Arbeitspaketbericht	Arbeitspaketverantwortlicher	Projektleiter	Freitag bis 15:00 Uhr/ wöchentlich	E-Mail

19. *Erstellen Sie eine Kommunikationsmatrix!*

[Hier als Online-Version; als Tabelle wie in 3.10.6]
Wer: Projektleiter
Wem: Geschäftsführung
Was: Statusbericht
Wann: montags 09:00 Uhr
Frequenz: wöchentlich
Form: schriftlich Formblatt

Wer: AP-Verantwortlicher
Wem: Projektleiter
Was: AP-Bericht
Wann: freitags bis 15:00 Uhr
Frequenz: wöchentlich
Form: E-Mail

20. *Beschreiben Sie zwei Rollen mit Aufgabe, Kompetenz und Verantwortung und die gewählte Projektorganisationsform!*

Rolle	Aufgabe	Kompetenz	Verantwortung
Projektleiter	Planung und Steuerung des Projekts	Vertragsabschlüsse bis 3.000€	Erfolgreiche Umsetzung des Projekts; Berichtspflicht gegenüber Geschäftsführer
Arbeitspaketverantwortlicher	Erledigung der ihm übertragenen Aufgabenpakets	Entscheidungen im Rahmen der Erledigung des Arbeitspakets	Termintreue Lieferung der Arbeitspakete; Berichtspflicht gegenüber Projektleiter

Als Organisationsform wird eine Stabsorganisation gewählt, da es sich um ein Organisationsprojekt handelt.

21. *Nennen Sie mindestens drei benötigte Ressourcen!*

- DJ: Dienstleistung
- Caterer: Dienstleistung
- Info-Flyer: Sachkosten

22. *Erstellen Sie einen Kostenplan mit drei verschiedenen Ressourcen und geben Sie die Kostenart sowie die Einheit dazu an.*

Ressource	Kostenart	Einheit
DJ	Dienstleistung	Euro / Festpreis
Info-Flyer für Veranstaltung	Sachkosten	Euro / Stück
Marketingleiter für Pressemitteilungen	Personalkosten	Euro / Stunde

4.3   Beispielaufgaben zum Üben

4.3.1   Thermoskanne

Sie sollen ein Projekt zur Entwicklung und Erprobung einer Thermoskanne leiten. Diese Thermoskanne soll auf der Messe „OUTdoor", die am 19.03.202x in Goslar beginnt, präsentiert werden.
Für den Thermobecher sind bestimmte Eigenschaften gefordert.
Er soll:

- in eine Aktentasche, einen Schulranzen, eine Damenhandtasche passen.
- absolut dicht und auslaufsicher sein.
- unzerbrechlich sein.
- lange warm oder kalt halten.
- auch zum Auslöffeln von Suppe geeignet sein.
- 0,5 Liter Fassungsvermögen haben.
- eine schlanke Form aufweisen.
- ein Budget von 50.000 € nicht überschreiten.

4.3.2   Neues Firmengebäude

Die Firma Eisen-Karl hat 50 Mitarbeiter und will auf dem eigenen Firmengrundstück ein neues Firmengebäude bauen. Ihr Chef übertrug Ihnen die Leitung des Gesamtprojekts:

- Es sollen neue Fertigungsräume, Endmontage, Ausstellungsräume und Lagerräume entstehen
- Die Büroräume sollen mit PCs ausgerüstet werden
- Alle PC sollen über ein System vernetzt sein. Ein zentraler Drucker ist mit allen PCs verbunden und soll Zeichnungen drucken können.
- Die Kündigung des alten Gebäudes ist zum 31.12.202x ausgesprochen
- Die Eröffnungsfeier ist am 01.02.202x geplant
- Budget: 5 Millionen Euro

5 Kompetenzbereich „People"

Wie bereits erwähnt, wird im Basiszertifikat auch das Kompetenzfeld „People" behandelt. Prüfungsrelevant ist hier aber nur das Thema „Persönliche Kommunikation".

Alle übrigen Themen dieses Kompetenzfeldes sind Bestandteil des ersten Teils der Level D- Prüfung.

5.1 Persönliche Kommunikation

Für dieses Kompetenzelement (KE) wird sehr viel Wissen gefordert, das z. T. auswendig gelernt werden muss, denn z. B. Axiome erschließen sich nicht von allein.

Das Ziel dieser KE ist ersichtlich, denn dass eine gute Kommunikation im Projekt wichtig ist, kann sich jeder gut vorstellen. Es gibt eine Vielzahl an Varianten:
*   Mitarbeiterführung
*   Absprachen
*   Planung
*   Konfliktlösung
*   Vertragsverhandlungen
*   Abstimmungen mit der Linie
*   Stakeholder-Kommunikation
*   ...

Doch was müssen wir unbedingt beachten? Gehen wir hierfür Schritt für Schritt vor.

5.1.1 Kommunikationsebenen

Wir unterscheiden vier Kommunikationsebenen:

*   Verbale Ebene
*   Paraverbale Ebene
*   Nonverbale Ebene
*   Kontextbezogene (Extraverbale) Ebene

!

5.1.2 Kommunikationsstörungen nach Konrad Lorenz

Konrad Lorenz hat eine mögliche Kommunikationsstörung sehr anschaulich wie folgt zusammengefasst (Röhner & Schütz, 2020):

- Gedacht ist nicht gesagt
- Gesagt ist nicht gehört
- Gehört ist nicht verstanden
- Verstanden ist nicht einverstanden
- Einverstanden ist nicht Behalten
- Behalten ist nicht gekonnt
- Gekonnt ist nicht angewendet
- Angewendet ist nicht Beibehalten

5.1.3 Eisbergmodell

Das Eisbergmodell nach Freud besagt, dass eine zwischenmenschliche Kommunikation auf einer Sachebene und einer Beziehungsebene stattfindet. (Freud, 2020)

Die **Sachebene** ist **bewusst**. Sie ist klar erkennbar und gut beeinflussbar. Sie ist **sichtbar**.

Die **Beziehungsebene** ist **unbewusst** und somit nur schwer erkennbar und schwer zu beeinflussen. Sie ist **unsichtbar**.

Häufig wird ein Verhältnis von **20:80** angegeben und gleicht somit einem Eisberg:

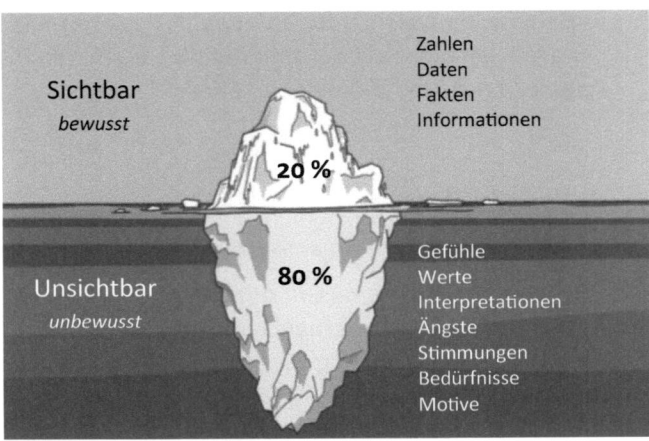

Abb. 35: Eisbergmodell

Eine weitere mögliche Prüfungsfrage wäre, anhand einer typischen Kommunikationssituation im Projekt die Sach- und Beziehungsebene darzustellen:

Hier kann man z. B. die Situation *Projektleiter fragt Arbeitspaketverantwortlichen: „Haben Sie die Aufgabe schon angefangen?"*, durchspielen.

5.1.4   4-Ohren Modell nach Schulz v. Thun

Das 4-Ohren Modell stammt von Friedemann Schulz von Thun. Es ist auch als „Kommunikationsquadrat" oder „Nachrichtenquadrat" bekannt. (Schulz von Thun, 2010)

Wenn ich als Mensch etwas von mir gebe, bin ich auf vierfache Weise wirksam. Jede meiner Äußerungen enthält, ob ich will oder nicht, gleichzeitig **vier Botschaften**:

- eine **Sachinformation** (worüber ich informiere)
- eine **Selbstkundgabe** (was ich von mir zu erkennen gebe)
- einen **Beziehungshinweis** (was ich von dir halte und wie ich zu dir stehe)
- einen **Appell** (was ich bei dir erreichen möchte)

Ein Beispiel macht dieses vielleicht etwas klarer:

Nachricht: „Ist noch Kaffee da?"

- **Sachebene**: Ist noch Kaffee vorhanden oder nicht?
- **Selbstkundgabe**: „Ich brauche jetzt dringend einen Kaffee!"
- **Beziehungshinweis**: „Hast Du etwa den ganzen Kaffee wieder allein getrunken?" – „Immer denkst Du nur an Dich!"
- **Appell**: „Koche mir bitte einen Kaffee."

5.1.5   Aktives Zuhören

Carl **Rogers** hat **drei Axiome** zum aktiven Zuhören formuliert:

- Empathische und offene Grundhaltung
- Authentisches und kongruentes Auftreten
- Akzeptanz und bedingungslose positive Beachtung der anderen Person

Nach Rogers wird das Verstehen des Sprechers unterstützt durch:

- Unvoreingenommenheit
- Sich auf den Gesprächspartner zu konzentrieren
- Ablenkungen zu vermeiden
- Den Gesprächspartner nicht zu unterbrechen
- Auf die Körpersprache des Gesprächspartners und die eigene Körpersprache zu achten:
  - Offene und zugewandte Körperhaltung
  - Blickkontakt
  - Bequeme Sitzposition
  - Ab und zu lächeln
  - Pacing: Angleichung der Körperhaltung und Stimmlage an den Partner
- Bestätigungssignale zu senden (Kopfnicken, „Ich verstehe" usw.)
- Zur Bestätigung, das Gesagte mit eigenen Worten zusammenzufassen (Paraphrasieren)
- Emotionale, versteckte Botschaften des Gesprächspartners mit eigenen Worten wiederzugeben (Verbalisieren)
- Bei Unklarheiten (zurückhaltend) nachzufragen

Zusammengefasst heißt **aktives Zuhören**:

- Zuhören
- Beobachten
- Verstehen
- Rückmelden

!

Sehr wichtig sind beim Rückmelden die sogenannten **Ich-Botschaften**:
- Beschreibung der Situation
- Beschreibung des **eigenen** Gefühls
- Beschreibung der Konsequenzen
- **No-Go's**
  - Du-Botschaften („Sie sind...", „Du bist...", „Ihr macht...")
  - Killerphrasen („Das haben wir schon immer so gemacht", „Das funktioniert sowieso nicht" usw.)
  - Verallgemeinerungen (Immer, Man, Niemand, Alle usw.)
  - Unterstellungen („Sie meinen doch eigentlich...")

- Beziehungsspitzen („Ihr unverschämter Vorschlag", „Der unsachliche Beitrag" usw.)
- **Fangfragen** („War nicht eben ihre Meinung, dass…")

5.1.6 Fünf Axiome der Kommunikation nach Paul Watzlawick

Hier müssen Sie leider durch und sie einfach auswendig lernen (Watzlawick, Beavin, & Jackson, 2016):

1. Man kann nicht nicht-kommunizieren.
2. Jede Kommunikation hat eine Inhalts- und eine Beziehungsebene.
3. Die Natur einer Beziehung ist durch die Interpunktion der Kommunikationsabläufe seitens der Partner bedingt (Kommunikation ist Ursache und Wirkung, eine Abfolge von Verhaltensweisen, die sich wechselseitig beeinflussen).
4. Kommunikation bedient sich analoger und digitaler Modalitäten.
5. Kommunikation ist symmetrisch oder komplementär.

Den fünften Punkt sollten wir etwas genauer betrachten. Was bedeutet **symmetrische** Kommunikation und was **komplementäre** Kommunikation?

- **Symmetrische Kommunikation**:
  Die Beteiligten sprechen „auf Augenhöhe" miteinander, sie haben den gleichen Status: z. B. Ehepartner, Kollegen.

- **Komplementäre Kommunikation**:
  Die Kommunikation basiert auf der Unterschiedlichkeit der Beteiligten, z. B. auf unterschiedlichem Status, unterschiedlicher Kompetenz oder unterschiedlicher Rangordnung. Die Befragten ergänzen sich in der Kommunikationssituation. Z. B. Vorgesetzter und Untergebener, Lehrer und Schüler.

Als Letztes sollten wir noch auf das 3. Axiom näher eingehen. Wenn man dieses Axiom mit anderen Worten ausdrücken möchte, kann man es auch **kreisförmige Interaktion** nennen. Aber was bedeutet das? Als Erklärung ist ein Beispiel hilfreich:

Im Projekt kann es beispielsweise vorkommen, dass der Vorgesetzte schlecht gelaunt ist und dadurch einen Arbeitspaketverantwortlichen relativ unfreundlich fragt: „Wie weit sind Sie?"
Der Arbeitspaketverantwortliche fühlt sich angegriffen und antwortet: „Ich habe noch 3 Tage Zeit!"
Der Projektleiter reagiert auf diese ausweichende Antwort wiederum gereizt: „Das habe ich nicht gefragt."
Die ganze Situation kann weiter eskalieren oder mindestens einer der beiden durchbricht diesen Kreislauf.

!

5.1.7 Sonstiges

Zum Abschluss dieses Kompetenzelements noch zwei mögliche Fragestellungen:

Was versteht man unter Netiquette?

- *Die Netiquette bezieht sich auf den Umgang zwischen Menschen in digitalem Umfeld. Sie beinhaltet grundsätzliche Regelungen und Verhaltensweisen, die gelten, um einen respektvollen und wertschätzenden Umgang miteinander zu pflegen.*

Wie können Sie als Präsentator in Interaktion mit Ihrem Auditorium eine positive Kommunikation erreichen?

- *Wertschätzender Vortragsstil – Eingehen auf Interessen und Wissensstand der Zuhörer*
- *Direkte Ansprache des Publikums – Blickkontakt, Fragen zulassen*
- *Mit Visualisierungen arbeiten*
- *Mit Beispielen arbeiten*
- *Präsentation strukturieren*

6 Kompetenzbereich „Perspective"

Kommen wir nun zum letzten Kompetenzfeld. Dieses wird allen gefallen, denn von den drei Kompetenzelementen wird nur in einem neuer Stoff hinzukommen. Die übrigen beiden sind eine Wiederholung von schon bekannten Inhalten.

6.1 Strategie

6.1.1

Zunächst einmal müssen wir ein paar Begriffe unterscheiden:

Vision

Ein konkretes Zukunftsbild – nahe genug, um die Realisierbarkeit noch sehen zu können, aber schon fern genug, um die Begeisterung für eine neue Wirklichkeit zu wecken.

Mission

Es beschreibt den Sinn und Zweck, den Auftrag des Unternehmens in einem kurzen Statement und hängt von der Kultur und den Werten des Unternehmens ab.

!

Werte

Werte eines Unternehmens werden selten schriftlich expliziert. Sie zeigen sich in internen und externen Gesprächen und Handlungen des Unternehmens. In einigen Unternehmen sind die Werte als Adjektive der Mission beigefügt.

Strategie

„Fahrplan", in dem konkrete Maßnahmen zur Realisierung der Vision definiert werden.

Leitbild

Selbstverständnis der Organisation. Es umfasst die Mission und Vision des Unternehmens.

6.1.2 Strategisches Management

Das **Strategische Management** bildet sich aus dem Leitbild (**Vision** und **Mission**) und der **Strategie**. Es zählt zu den langfristigen und nachhaltigen Steuerungs- und Führungselementen des Unternehmens.

Grundsätzlich müssen die **Projektziele** mit der **Unternehmensstrategie** in **Einklang** gebracht werden, denn Projekte sollen die Umsetzung der Unternehmensstrategie fördern.

6.1.3 SWOT-Analyse

Die **SWOT-Analyse** stellt die **Basis** der **Unternehmensanalyse** und der Umfeldanalyse dar. Mit Hilfe der **Umfeldanalyse** kann man die Einflüsse auf das Projekt erkennen.

Die SWOT-Analyse befasst sich mit:

- **S**trength – Stärken
- **W**eakness – Schwächen
- **O**pportunities - Chancen
- **T**hreats – Bedrohungen

Hierbei sind **Stärken** und **Schwächen interne** Einflüsse (z. B. Know-how, Patente usw.) und **Chancen** und **Bedrohungen externe** Einflüsse aus dem Branchen- und Unternehmensumfeld (z. B. Rohstoffpreise, Wechselkurse usw.).

Daher sollten aus der SWOT-Analyse auch entsprechende Strategien und Maßnahmen formuliert werden:

	Stärken	Schwächen
Chancen	Ausbauen	Aufholen
Bedrohungen	Absichern	Vermeiden

Abb. 36: SWOT-Analyse

6.1.4   Business Case

Ein **Business Case** ist ein Szenario, in dem man qualitative Nutzenaspekte eines Produkts ermittelt, Wirtschaftsziele beschreibt und eine Entscheidungsvorlage mit Empfehlungen erstellt.

Zweck eines Business Cases ist:

- Die Analyse einer Investition oder eines Projekts unter strategischen und betriebswirtschaftlichen Aspekten.
- Die Analyse der Kosten und des erwarteten monetären und nicht monetären Nutzens, der Chancen und Risiken sowie der Handlungsalternativen zum Projekt.

!

Ein **Business Case** wird sehr **früh** in einem Projekt **aufgestellt**, da mit ihm die grundsätzliche **Wirtschaftlichkeit** und der **Nutzen** des **Projekts** ermittelt wird. Fällt dieses Ergebnis negativ aus, wird das Projekt gar nicht erst realisiert.

6.1.5   Abwicklungs- und Anwendungserfolg

Abwicklungserfolg: bezieht sich auf die erfolgreiche Durchführung des Projekts, also auf die Realisierung innerhalb des magischen Dreiecks aus Kosten, Leistung und Termin.

Anwendungserfolg: bezieht sich auf die anschließende erfolgreiche Verwendung des Projektergebnisses, i. d. R. erst **nach Projektende**.

Es kann z. B. durch den ROI, den Marktanteil, dem Umsatzvolumen usw. ermittelt werden.

!

Der **Projektleiter** ist für den Anwendungserfolg **nicht verantwortlich**, da dieser durch Handlungen nach dem Projektabschluss und damit außerhalb des Einflusses des Projektleiters maßgeblich beeinflusst wird.

6.2   Governance, Strukturen und Prozesse

Um zu verstehen, was dieses Kompetenzfeld beinhaltet, möchte ich auf die GPM verweisen:

„Das Kompetenzelement [...] definiert das Verständnis für und die Abstimmung mit den gewachsenen Strukturen, Systemen und Prozessen der Organisation, welche Unterstützung für Projekte bieten und Einfluss auf ihre Organisation, ihre Einführung und ihr Management haben." (GPM, 2017)

Hört sich nach Wiederholungen aus dem Practice-Bereich an. Und so ist es: Wer bis hierhin den Practice-Bereich durchgearbeitet hat, ist bestens für dieses Kompetenzelement gewappnet.
Welche Themen kommen hier dran:

- Was ist ein Projekt?
- Welche Projektarten gibt es?
- Was ist Projektmanagement?
- Berichtsarten
- Lenkungsausschuss
- Projektorganisation

6.3   Macht und Interesse

Auch dieses Kompetenzelement wiederholt im Wesentlichen einen Teil aus dem Practice-Bereich, nämlich die der Stakeholder:

- Was versteht man unter Stakeholder?
- Was ist eine Umfeldanalyse und wie wird sie erstellt?
- Wie sieht der Stakeholder-Prozess aus?
- Welche Strategien gibt es im Umgang mit Stakeholdern?

Und somit haben wir auch dieses Kompetenzfeld erledigt.

7 Nachwort

So, Sie haben es geschafft! Sie wissen nun alles, was man zu einer erfolgreichen Prüfung benötigt.

Ich weiß, dass das ist in der Tat sehr viel Stoff und ein umfangreiches Wissen ist, das von Ihnen abverlangt wird. Hinzu kommt, dass es wirklich nicht einfach ist, die ca. 45 Fragen in 90 Minuten zu schaffen. Da hilft wirklich nur intensives, gutes Vorbereiten. Ich spreche da aus eigener Erfahrung.

Aber ich kann Sie beruhigen:

Sie werden die Prüfung schaffen!

Wer sich bis hierher durchgebissen hat, sich allmählich das meiste davon angeeignet hat und darüber hinaus ein Fallbeispiel recht zügig beantworten kann, **wird nicht scheitern**. Und wenn ich ehrlich bin, muss man das ein oder andere zur Not auf Lücke setzen und hoffen, dass man die 50% des Kompetenzelements mit den übrigen Fragen schafft. (Ich konnte mir z. B. partout nicht Rogers Axiome merken und bei Watzlawick waren auch immer 2 von 5 weg.)

Aber letztendlich lohnt sich der ganze Aufwand: eine IPMA®-Zertifizierung ist in der Industrie hoch angesehen und öffnet viele Wege für einen Job im Projektmanagement.

Ich hoffe, dieses Taschenbuch hilft Ihnen, Ihre Prüfung zu bestehen. Ich wünsche Ihnen jedenfalls **VIEL GLÜCK** für Ihre Prüfung!

8 Schlagwortverzeichnis

9 Anhang

9.1 Abbildungsverzeichnis

9.2 Literaturverzeichnis

Andler, N. (2015). *Tools für Projektmanagement, Workshops und Consulting: Kompendium der wichtigsten Techniken und Methoden* (6. Ausg.). Publicis.

Burghardt, M. (2018). *Projektmanagement: Leitfaden für die Planung, Überwachung und Steuerung von Projekten.* Publicis.

DIN. (1987). *DIN 69903: Projektwirtschaft; Kosten und Leistung, Finanzmittel; Begriffe.* Berlin: Deutsches Institut für Normung e. V.

DIN. (2009). *DIN 69900: Projektmanagement - Netzplantechnik; Beschreibungen und Begriffe.* Berlin: Deutsches Institut für Normung e. V.

DIN. (2009). *DIN 69901 – Projektmanagement, Projektmanagementsysteme: Teil 5.* Berlin: Deutsches Institut für Normung e. V.

DIN. (2015). *DIN EN ISO 9000: Qualitätsmanagementsysteme - Grundlagen und Begriffe.* Berlin: Deutsches Institut für Normung e. V.

Freud, S. (2020). *Hauptwerk in 3 Bänden.* Nikol-Verlag.

GPM. (2017). *Kompetenzbasiertes Projektmanagement (PM4).* GPM Deutsche Gesellschaft für Projektmanagement e. V.

GPM. (2019). *Kompetenzbasiertes Projektmanagement (PM4) - Handbuch für Praxis und Weiterbildung im Projektmanagement.* GPM Deutsche Gesellschaft für Projektmanagement e. V.

IPMA®. (2017a). *Individual Competence Baseline für Projektmanagement 4.0.* Nürnberg: GPM Deutsche Gesellschaft für Projektmanagement e. V.

IPMA®. (2017b). *Individual Competence Baseline für Programmmangement 4.0.* GPM Deutsche Gesellschaft für Projektmanagement e. V.

IPMA®. (2017c). *Individual Competence Baseline für Portfoliomanagement 4.0.* GPM Deutsche Gesellschaft für Projektmanagement e. V.

Kummerhof, K. (2020). Präsentation: IPMA®-Schulung. alfatraining Bildungszentrum GmbH.

Maslow, A. H. (2018). *A Theory of Human Motivation.* WILDER PUBN.

Matthiesen, V. (2020). *ZEITMANAGEMENT - Die Kunst der perfekten Organisation.* Independently published.

Pichler, R. (2007). *Scrum: Agiles Projektmanagement erfolgreich einsetzen.* dpunkt.verlag.

PM-Zert. (2023a). *Leitfaden für die Zertikanten Level D.*

PM-Zert. (2023b). *Leitfaden für die Zertikanten Basislevel.*

projektmagazin. (2021). *Projektmanagement-Methoden.* Von projektmagazin: https://www.projektmagazin.de/methoden/ abgerufen

Röhner, J., & Schütz, A. (2020). *Psychologie der Kommunikation* (3. Ausg.). Springer.

Schulz von Thun, F. (2010). *Miteinander reden 1 – Störungen und Klärungen. Allgemeine Psychologie der Kommunikation* (48. Ausg.). Hamburg: Rowohlt Taschenbuch.

Sutherland, J., & Schwaber, K. (2020). *Der Scrum Guide – Der gültige Leitfaden für Scrum: Die Spielregeln.*

Timinger, H. (2017). *Modernes Projektmanagement.* WILEY-VCH Verlag.

Watzlawick, P., Beavin, J., & Jackson, D. (2016). *Menschliche Kommunikation: Formen, Störungen, Paradoxien* (13. Ausg.). Hogrefe AG.

9.3 Bildnachweis

Coverbild:
„industrie-geschäftsmann-mann-anzug-2633878": © Gerd Altmann/Freiburg
lizenz free by pixabay; Download: 13.05.2021

Eisberg:
„iceberg-3273216": © Mote Oo Education/Yangon
lizenz free by pixabay; Download: 13.05.2021

Kleeblatt:
„glücksklee-klee-glück-kleeblatt-437259": © Gaby Stein/Mannheim
lizenz free by pixabay; Download: 13.05.2021

Icons:

     erstellt von Freepik: www.flaticon.com

Sonstige Abbildungen wurden vom Autor erstellt.